U0866634

俊秀

青 年 书 系

策划人 郝宁

# 寻找生命中的另一半

## 择偶的心理奥秘

王弘毅——著

上海教育出版社
SHANGHAI EDUCATIONAL
PUBLISHING HOUSE

# 序

20 世纪 60 年代，美国加利福尼亚大学伯克利分校一位叫亚瑟·阿伦的心理学研究生坠入爱河。就像所有热恋中的年轻人一样，他的心被爱情占据，体会到强烈的幸福和渴望。不同的是，作为心理学研究生，他怀着好奇心查阅文献，希望借助专业知识对爱情有更深的了解，但他大失所望："几乎没有关于爱情的研究。"

几十年后，曾经也是心理学研究生的我，产生同样的困惑：在爱情这一领域，心理学实证研究的数量远远少于我的预期。择偶和恋爱是如此重要的人生课题，影响着我们的人生轨迹和幸福感。恋爱关系的好坏比金钱或成功更能影响我们的幸福感，比吸烟或肥胖更能影响我们的健康和寿命。我们努力追求获得财富或成功，但我们如何才能寻找到生命中的另一半，获得美满的爱情和婚姻呢？这个问题人类已经问了很久。在公众眼中，心理学这门学科理所当然地应该提供答案和指导。

与此不匹配的是，为何择偶和恋爱这一领域的心理学研究起步较晚？这个问题涉及心理学本身的学科发展历程。

心理学作为一门学科的历史并不长，其学科建立的标志通常被认为是 1879 年心理学家冯特（Wilhelm Wundt）在德国莱比锡大学建立第一个心理学实验室。自此，心理学开始使用科学的方法探寻人类的行为和心理机制。然而，人类的心理是复杂的，如何用科学的方法研究复杂的心理？早期心理学家关注人类基础的心理过程，例如，人们如何看到或听到，人们如何记忆又如何遗忘……这些基础心理过程相对简单，不存在太大的个体差异，较容易获得一般性规律。随着心理学的发展，其研究范式、实验仪器和方法都有了长足进步，对这些问题有了更深的认识，而其研究领域也逐渐拓展。20 世纪 80 年代开始，涌现出大量关于恋爱和亲密关系的实证研究。

那位心理学研究生亚瑟·阿伦，也成长为一位社会心理学家，他的研究兴趣和研究领域就是爱情和亲密关系。你将在这本书中读到他的一些著名研究（如吊桥效应）。至于他学生时代的那段爱情，也成为一段佳话——他和女友后来步入婚姻的殿堂，并因为共同的研究兴趣成为毕生的合作者。

许多朋友像当年的亚瑟·阿伦和我一样，对择偶和恋爱这一领域产生浓厚的兴趣，好奇心理学如何科学地研究爱情，也渴望了解这一领域的研究成果。我认为这一研究领域重要且有趣，迫不及待地希望将这些精彩的研究展示给感兴趣的人。当然，这些研究不足以让我们完全而透彻地理解爱情，就像所有科学研究一样，研究者还在不断地努力，持续更新相关知识和理解。

希望你带上好奇心和批判精神，和我一起开启一段“爱”的旅程。

王弘毅

2022 年 3 月

# 目录

# 第一章

# 当心理学家谈论爱情时，他们在谈论什么？

爱情是人类亘古不变的话题。早在心理学家之前，诗人、哲学家、作家就认识到爱情和亲密关系对于人类生活的重要性，并在作品中探讨爱情的意义。现代社会科学中对爱情的系统性研究发展较晚，主要起始于 20 世纪 80 年代。在这一研究方向上，不同的学科以不同的视角为我们理解恋爱的开始、发展和保持提供独特的见解。

研究爱情并非易事，它如此复杂，有谁敢声称自己理解爱情？不同研究者尝试从不同角度理解爱情的某一部分，我选取其中具有代表性、影响较大的心理学理论介绍给大家。例如，相互依赖理论从经济学视角理解亲密关系，认为亲密关系本质上是一种社会交换，并预测了亲密关系何时是满意的，何时是稳定的。进化心理学则从进化论的视角出发，认为亲密关系是人类经过长期演化而获得的适应性解决方案。人类社会之所以存在爱情和亲密关系，是因为这样的关系能够帮助人类更好地繁衍后代。心理学家斯腾伯格（Robert J. Sternberg）提出的爱情三角理论则从爱情的分类出发，描述了不同类型的爱情。

## 相互依赖理论：恋爱中的经济学

### 社会交换和相互依赖

刘擎教授在《奇葩说》中与经济学教授薛兆丰就“学哲学和学经济学，哪个更有助于找对象？”这一辩题展开了一番有趣的对话。刘擎教授在论证“学经济学更有助于找对象”时表示，经济学家将找对象看成一种市场交易，在交友市场上有机会，有成本，有收益。经济学家在找恋爱对象时能够理性分析收益和成本，追求收益最高的恋爱对象。这种交友策略有利于寻找对象，但不利于保持对象。虽然这番话带有娱乐性，却生动形象地道出经济学视角下亲密关系的精髓。

相互依赖理论（interdependence theory）就是一个基于经济学博弈论模型的理论，被用来诠释亲密关系，却似乎一点也不浪漫。如刘擎教授所言，这一理论认为，人们找对象如同在人际交换的市场上购买产品，希望寻找能实现收益最大化、成本最小化的亲密关系（Van Lange & Rusbult，2011）。从这一观点出发，我们的社会生活使得我们可以进行资源的交换。社会心理学家凯利（Harold Kelly）和蒂博（John Walter Thibaut）将此理念应用于亲密关系，认为亲密关系的本质也是双方进行的资源交换行为。

不过，相互依赖理论中的收益和成本并不局限于金钱方面。在亲密关系中，收益或奖赏（reward）指可以交换、能给人带来愉悦和满足的资源；成本（cost）则是这段关系中惩罚性的、令人不悦的经历（Sprecher，1998）。前者既可以是困境中爱人给予的接纳和支持，也可以是爱人提供的舒适的居住环境；后者则既可以是亲密关系中的争吵和否定，也可以是为家庭放弃的事业。奖赏减去成本，就是这段关系的结果（outcome）。当奖赏大于成本时，积极的体验多于消极的体验，结果自然是积极的、令人愉悦的。但这一理论认为，人们在恋爱时寻求的是最佳结果，而非仅仅追求积极结果。

结果的好坏不足以决定亲密关系的稳定性，更重要的是人们的预期。每个人对自己的恋爱关系的结果都会有一个预期，这个预期被称为“比较水平”（comparison level）。它可能来自过去的经验，也可能来自自尊。例如，经历过愉快、美满的恋情的人可能对未来的感情有比较高的期待，预期未来的感情也会奖赏大于成本；经历过糟糕感情的人则可能对未来的感情不抱有很高的预期。当结果（奖赏 － 成本）好于比较水平（预期）时，人们会感到满意，反之则会失望。

$$满意程度 = 结果 - 比较水平$$

因此，如果糟糕的交友经历让你的比较水平比较低，哪怕新恋情中仍然有摩擦，它给你带来的愉悦和满足也足以让你对这段恋情感到满意；如果你有过一段刻骨铭心的感情，新恋情纵然也是愉快的，但你“曾经沧海难为水，除却巫山不是云”，可能感受不到本该感到的愉快和满意。

一段亲密关系的结果减去比较水平，决定了人们对这段亲密关系的满意程度。不过，相互依赖理论认为，仅凭满意程度不足以决定亲密关系能够维持多久。另一个决定感情稳定性的因素是备选项的比较水平（comparison level for alternatives），即假设你结束当前的恋爱关系并和另一个人进入新的恋爱关系的结果。如果你认为选择另一个人，开启另外一段感情会比当前的恋情给你带来更好的结果，就很可能会选择结束当前的关系。当然，备选项的比较水平完全是假设的，是人们对可能发生的亲密关系的预测，而这种预测有可能是错误的。例如，男性会因为在工作场所遇到的温柔、漂亮的女职员而低估家庭生活中可能发生的摩擦，从而高估备选项的比较水平；选择做家庭主妇的女性可能因为失去独立的经济来源、减少社交而不自信，从而低估备选项的比较水平。

一段亲密关系的结果减去备选项的比较水平，决定了人们对这段关系的依赖程度。

依赖程度 = 结果—备选项的比较水平

如果一个人目前所处的关系带来的结果好于备选项的比较水平，就会很依赖这段感情；相反，则说明无论他对当前的感情满意与否，都很容易被其他潜在的交友对象“诱惑”，因为他会觉得新恋情更幸福。可见，一个人对感情的依赖程度才是决定感情稳定性的最重要的因素。人们结束一段恋情，并不是因为对这段恋情不满意，而是因为人们认为自己能找到比当前恋情收益更大的新恋情。

满意程度和依恋程度这两个维度相对独立地分别影响着亲密关系，研究者据此将恋爱关系分成四种不同的类型。

第一种是快乐且稳定的关系。当一个人当前的亲密关系带来的结果既好于比较水平，又好于备选项的比较水平时，这段亲密关系是快乐且稳定的。此时，他从这段亲密关系中得到的比预期的更多，也不认为能够从其他人那里得到比现在更好的结果。他对这段关系是满意的，也不会寻求其他潜在恋情。

第二种是快乐但不稳定的关系。当一个人当前的亲密关系带来的结果好于比较水平，却比备选项的比较水平差时，这段亲密关系是快乐的，却不稳定。此时，他对伴侣是满意的，在这段关系中也感受到快乐，但他认为会有更具吸引力的伴侣或更令人羡慕的亲密关系在前方等待着。结束当前关系，进入新恋情是需要成本的，人们可能会失去一些朋友，可能需要搬家，甚至可能伤害孩子，但如果他们认为新恋情带来的奖赏大于这些损失，就会结束当前的亲密关系，即使这是一段快乐、令人满意的关系。

第三种是不快乐但稳定的关系。当一个人当前的亲密关系带来的结果差于比较水平，却好于备选项的比较水平时，这段亲密关系是不快乐的，却很稳定。此时，他对这段关系不满意，认为自己从这段关系中得到的比预期的少。不过，他同时认为，另外开始一段恋情也不会比现在的更好。即使对现状不满意，也不会结束当前的关系。

第四种是不快乐且不稳定的关系。当一个人当前的亲密关系带来的结果既差于比较水平，又差于备选项的比较水平时，这段亲密关系是不快乐且不稳定的。此时，他对这段关系不满意，也认为自己可以找到更好的亲密关系，因而有足够的理由结束当前关系。同样是不快乐的恋爱关系，只有当一个人觉得自己可以找到更好的恋情时，才会决定结束当前关系。这也解释了为什么有些人明明在恋爱中并不快乐，却迟迟不愿走出来，因为他们不认为自己能够找到幸福的亲密关系。

当然，现实生活中的恋爱关系非常复杂，即使是同一种类型的恋爱关系，情况也可能千差万别。随着关系的发展、亲密程度的增加，恋爱关系中的奖赏、成本、比较水平和备选项的比较水平都会发生变化。因此，上述分类并非静止的，而是随着感情的深入不断变化的。

## 进化心理学：爱情是个战场

在择偶偏好和恋爱这一研究领域，进化心理学有丰富的理论和研究成果。达尔文的性选择理论为动物和人类的择偶行为提供了强大的解释，进化心理学家将其运用到人类择偶行为中。虽然他们不排除社会文化对择偶行为的影响，但总的来说，他们认为人类的择偶行为具有普适性，是人类经过长期进化形成的适应性解决方案。从这一视角出发，爱情和浪漫也没有任何关系，更多的是策略性、功能性选择。

**达尔文的性选择理论**

达尔文（Charles Darwin）在其伟大著作《物种起源》中，为人类的由来提供了一个开创性观点。他认为人和其他动物一样，是经过长期的“自然选择”进化而来的。物竞天择的进化论思想引发社会和科学界的激烈争论。不过，达尔文很快就发现生存优势并不能解释所有现象，生存也并非所有动物的终极目的。他观察到，有些动物发展出一些似乎对生存没有帮助，甚至有碍生存的特征，如雄孔雀漂亮的羽毛、雄狮的鬃毛、雄鹿巨大的鹿角。如果雄孔雀尾巴上的羽毛更短、更轻，颜色更隐蔽，可能更利于生存（更不容易被捕食者发现，更容易逃跑）。如何解释这些明显不利于生存的特征呢？达尔文的回答是，这是性选择（sexual selection）的结果。

如果说自然选择是由生存竞争引发的，那么性选择就是由繁殖的竞争引发的。雄孔雀的尾羽之所以绚丽夺目，是因为这样的尾巴在竞争配偶时有巨大优势。在繁殖竞争时产生优势的特征通过后代遗传下来，这就是性选择。

根据达尔文的理论，性选择可以有两种形式，即同性选择（intrasexual selection）和异性选择（intersexual selection）。前者指同性间的竞争，通常是雄性间的竞争，获胜者得到和雌性交配的权利。如雄鹿把鹿角当作武器互相搏斗，获胜的雄鹿可以通过交配拥有更多的后代。后者指雄性要和雌性交配就必须得到雌性的青睐，对雌性有吸引力的特征会通过后代延续下来，不具有吸引力的特征会渐渐消失。正因为雌孔雀喜欢有绚丽夺目的尾羽的雄孔雀，具有这种特征的雄孔雀备受青睐，可以与雌孔雀生育后代，我们今天才能看到雄孔雀美丽的尾羽。

**进化心理学的主要观点**

以巴斯（David M. Buss）为代表的进化心理学家将进化论的思想应用于人类，尝试去识别作为进化产物的心理机制。这些心理机制对人类选择伴侣时表现出的行为偏好和决策策略有很强的解释力。进化心理学也从理论出发，对人类择偶行为提出各种预测，并得到一些实证证据的支持。

进化心理学认为人类择偶行为也是策略性的，是目的导向的。当然，这种目的导向的策略既可能是意识层面的，也可能是潜意识层面的，其目的简单而统一——为了繁殖，使自己的基因有更大的机会传递下去。为此需要想方设法获得潜在伴侣的青睐，同时与潜在的同性对手竞争。看似浪漫的恋爱实际上是个竞技场，只有获胜者才能享受浪漫的果实。

其一，性别差异。

人类的心理与行为是否存在性别差异，一直是心理学领域一个充满争议的话题。不过，男性和女性在择偶行为和心理上存在差异，这一点得到大部分学者的认同。很多人不需要借助于心理学研究，就能洞察这一点。

进化心理学认为，两性在择偶时表现出性别差异的根源在于，男性和女性在繁殖和养育后代上面临的问题和挑战不同（Buss &

Schmitt，1993）。美国进化生物学家特里弗斯（Robert Trivers）提出，性选择背后的核心驱动力是亲代投资（parental investment），即父母为了养育后代及增加后代生存的概率而作出的投资。特里弗斯提出两个假设：

- 在养育后代上投入更多的性别在择偶时更挑剔。
- 在养育后代上投入较少的性别在争取高质量的配偶时面临更多的同性竞争。

女性在养育后代上投入更多的精力和时间，因而在选择伴侣时，女性常是选择者，也比男性更挑剔，要求更高。因为一旦接受伴侣，她们的付出和投入更大，如女性生育后代需要怀胎十月，生产后还需要哺乳、照看婴儿，在很长时间内无法靠自己劳动所得而生存。男性则通常是追求者，常常需要与多个追求者竞争，以获得年轻、貌美的女性的青睐。

因为同样的理由，亲代投资理论预测女性为了保障自己和后代的生存条件，在择偶时会更看重男性是否可以提供良好的资源，包括丰富的食物、安全的住所，或者当今社会中较高的经济收入和社会地位等。

同时，相较男性，女性的生育能力随着年龄增长下降的速度更快。女性的最佳生育年龄在 25 岁左右，35 岁之后生育能力将大幅下降。而男性的生育能力虽然也随着年龄的增长逐渐下降，但下降的速度慢于女性。对于男性，想要增加后代的生存概率，就应该寻找处于最佳生育年龄的女性。因此，男性在选择伴侣时会更看重与年轻相关的线索，如匀称的身体、光滑的皮肤、长相标致等代表生育能力的外貌特征。进化心理学家预测，这会让男性比女性更容易一见钟情。

其二，爱情的进化。

种种原因才使人类进化出“爱情”——一种对长期伴侣持有的感情。不过，进化心理学家巴斯认为，爱情也是功能性的，其目的同样是为了增加后代生存的概率。长期伴侣关系在人类的进化历程中表现出优越性，特别是在养育后代上，而这样一种我们称之为“爱情”的情感，会使长期伴侣关系更稳固。巴斯说，爱情使伴侣感觉到彼此强烈、长久的意愿和决心，这可能是解决承诺问题的一个方案。

虽然无论男女，都可以选择短期和长期择偶策略。但相比女性，男性更愿意选择短期伴侣。因为男性可以通过交往多个短期伴侣，尽可能地以最少的付出获得最多的后代，同时短期性行为，如一夜情、短期性伙伴，对男性来说付出的代价更小；相反，当女性作此选择时，付出的代价和面临的风险都大于男性。但短期伴侣关系有一个致命问题：男性无法确定自己的父亲身份。这一问题来源于人类女性隐秘的排卵期。

大部分有性繁殖的物种都不会形成长期伴侣关系（一些鸟类除外）。对于大多数哺乳动物，雌性每隔一段时间就会进入发情期，出现明显的发情特征，吸引雄性交配。如雌性黑猩猩在发情期（排卵期）生殖器会变红、肿胀，雄性黑猩猩只要在此时与其交配，并确保其他雄性不能接触这只雌性黑猩猩，就可以确定自己的父亲身份。人类的情况与之不同。年轻女性在每个生理周期都会有 6—7 天的易孕期（排卵日及排卵之前的几天），标准的女性月经周期平均长度为 28 天，以月经第一天为周期的第一天，排卵通常会发生在第 14 天左右。但排卵同时受各种生理、心理因素的影响，所以并不会像教科书上的日期那样标准。具体到每一个月经周期，排卵日期都可能有所变化。

同时，人类女性排卵没有明显的特征，绝大多数女性并不知晓自己的身体何时排卵。如果想知道自己的排卵日期，就需要借助基础体温的测量（排卵后基础体温会升高）、排卵试纸（检测尿液中的黄体生成素，黄体生成素激增后 24—48 小时内会排卵）或 B 超等辅助医疗技术。女性在月经周期的任何时间都可以和男性发生性行为，却只有在易孕期才能受孕。因此，在短期关系中女性可能有多个伴侣，男性无法确定自己的父亲身份；只有长期伴侣关系才能保障男性的父亲身份。

长期伴侣关系不仅能解决父亲的身份问题，还能提高养育后代的质量。父亲可以与母亲一样，在养育后代上大力投入，将所有资源分配给长期伴侣和后代，使后代在稳定的家庭环境中受到良好的照顾，得以更好地生存和发展。

既然爱情的功能是使长期伴侣关系更稳固，而长期伴侣关系的一个重要功能是保障忠诚，当忠诚受到潜在的威胁时，爱情中就会出现嫉妒。巴斯认为，保护爱情是嫉妒的一个重要功能。研究也发现，相比其他原因的失恋，因情敌导致的失恋引起的嫉妒得分最高（Maths，1986）。嫉妒同样是进化心理学理论中的一项适应性解决方案。在两性关系中，男性通常表现出更强烈的嫉妒情绪和更强烈的守护伴侣（mate guarding，防止其他同性和自己的伴侣接近并发生性行为）的倾向，这一性别差异可能源于男性不能轻易地确定自己的父亲身份。

## 爱情三角理论

在爱情研究领域中，最有影响力、最为人们熟知的爱情理论之一是心理学家斯腾伯格提出的爱情三角理论（triangular theory of love）（见图 1.1）。

爱情三角理论认为爱情包含三个元素，分别是亲密、激情和承诺。这三个元素可以看作三角形的三个顶点，在不同的爱情中每个元素的强弱各不相同，因此三角形的形态可以任意变化，形成不同的爱情三角。

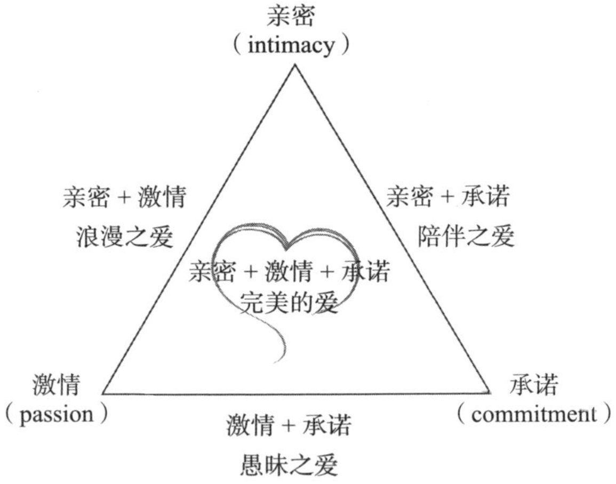


图 1.1　爱情三角理论模型图
（来源：Sternberg & Grajek，1984）

亲密指在爱情关系中获得的温暖、亲近、互相理解和支持的感受，是在爱情关系中建立的信任和从伴侣处获得的情感支持。激情指爱情关系中与生理唤醒、欲望、身体吸引力相关的内驱力，可以是强烈的热情或兴奋感、使人以危险的方式行动的强烈感情（如愤怒）、对某人强烈的性或浪漫感受等。承诺指一个人决定爱另一个人的决心，承诺忠于感情并努力维护这段感情。承诺是爱情的认知元素，亲密是情感元素，激情则是其动机或驱力元素。不同阶段和类型的爱情都可以解释为这三个元素的不同组合（见表 1.1）。

**表 1.1　爱情的类型**

| | 亲密 | 激情 | 承诺 |
|---|---|---|---|
| 无爱 | 低 | 低 | 低 |
| 喜欢 | 高 | 低 | 低 |
| 迷恋 | 低 | 高 | 低 |
| 空洞之爱 | 低 | 低 | 高 |
| 浪漫之爱 | 高 | 高 | 低 |
| 陪伴之爱 | 高 | 低 | 高 |
| 愚昧之爱 | 低 | 高 | 高 |
| 完美之爱 | 高 | 高 | 高 |

无爱（non-love）指爱情的三个元素都缺失，根本不存在爱情，只是一种随意、肤浅、没有承诺的与陌生人之间的关系。

以下三种爱情类型都只有一种爱情元素，缺乏其他爱情元素，仍然不足以称之为“爱情”，因为爱情应该是复杂的，带来的感受也是多样的。

- 喜欢（liking）：只体验到亲密，缺少激情和承诺。喜欢可能发生在朋友之间，与朋友相处时你可能感到亲密和温暖，却不会迸发激情，也不会有想要与他们共度余生的想法。

• 迷恋（infatuation）：只体验到激情，缺少亲密和承诺。也许你有过对一个不认识的人心动的经历，如上班途中在地铁站遇到的那个女孩，你也许会为了遇到她特意在地铁站等待，却从来没有勇气认识她，接近她。

• 空洞之爱（empty love）：承诺爱一个人，却缺少亲密和激情。如在包办婚姻中，新婚夫妻并不熟悉，也无恋爱的激情，却走入婚姻的殿堂；或者婚姻维持多年后，生活的琐碎和压力使夫妻之间的温暖和激情都消失殆尽，只留下对婚姻的承诺。

以下三种爱情类型拥有两种爱情元素，虽然仍缺乏三种爱情元素中的另一种，却已具备爱情的形态，是日常生活中常见的爱情类型。

• 浪漫之爱（romantic love）。当亲密和激情在恋爱关系中同时出现，人们会体验到浪漫之爱。在浪漫之爱中，情侣既体验到恋爱关系带来的亲密和温暖，也感受到激情和心动，此时可能会因为美好的体验产生两人一起共度余生的想法。不过，斯腾伯格认为，承诺并不是浪漫之爱的必要因素。例如，一段充满激情、亲密的校园恋情当然是浪漫之爱，但双方可能都没有十足的信心能在毕业后排除现实困难，仍然在一起。

• 陪伴之爱（companionate love）。亲密和承诺组成了陪伴之爱。在这样的爱情中，两人在生活中分享喜悦，分担忧愁，伴侣不仅是爱人，更是亲密的朋友。这种爱情类型常常指向感情深厚且维持时间较长的恋爱关系。如果一段轰轰烈烈的恋爱能够经受住时间的考验，它就很可能发展成一段稳固、幸福的爱情。在热恋阶段，恋人体内发生着一系列化学反应，性激素、多巴胺、五羟色胺让他们陶醉于激情中，但这些激素并不会维持太久，随着时间的流逝，催产素逐渐取而代之（详见第七章），人们对恋人产生信任和依恋。与浪漫之爱不同，陪伴之爱可以持续一生。

- 愚昧之爱（fatuous love）。当感情中没有亲密，仅因为激情匆匆许下承诺，就是愚昧之爱。斯腾伯格说这种爱“愚昧”是因为这种感情是缺乏基础的，它可能发生在刚被激情冲昏了头脑，在进一步了解之前就进入婚姻的恋人身上。这样孤注一掷的“闪婚”是有风险的，因为在激情消失之后，双方都可能难以接受真实的对方。

当然，除了上述所有恋爱类型外，还有一种恋爱具备了爱情所有的元素，斯腾伯格称之为“完美的爱”（consummate love）。这是一种人们都向往的完美、完整的恋爱关系。虽然相伴多年的伴侣容易发展成陪伴之爱，但仍然有结婚多年却保持着激情的美满的恋爱关系。在这样的关系中，双方不仅体验到温暖、亲密和陪伴，而且依然保持着热恋时的激情。就连斯腾伯格也认为，这样完美的爱情是需要精心经营的。就好比减肥，短时间容易做到，想持之以恒却难上加难。

## 爱情中的自我扩张

自我扩张理论（self-expansion theory）由两位美国心理学家亚瑟·阿伦（Arthur Aron）和伊莱恩·阿伦（Elaine Aron）共同提出。1967 年的夏天，当时都在美国加州大学伯克利分校心理学专业读研究生的两人在校园内的德维内勒大楼前亲吻，那一刻的感受如此深刻，推动着他们很快组成家庭，并联手开启有关吸引力和亲密关系的研究。亚瑟·阿伦在回顾自己的研究生涯时说："我坠入爱河后出于好奇，去搜索关于爱情的研究，发现几乎没有相关研究。"自此，社会心理学家亚瑟·阿伦和临床心理学家伊莱恩·阿伦开始从心理学视角探究爱情的奥秘。

什么样的人吸引你？什么原因使你坠入爱河？又是什么原因使你与恋人分手？分手为什么会让人痛不欲生？自我扩张理论从自我、动机、效能感等心理学核心概念出发，回答了这些亲密关系中的核心问题。

自我扩张理论有两条核心原则（Aron et al.，2013）。一是动机原则，认为人们都有寻求扩张自己潜在效能感的动机。人们有获得更多的资源、观点、身份（如知识、社会地位、财产、健康等）以提高实现目标的能力的动机，这是人类最基本的动机之一，这一理论来源于心理学中关于动机的经典研究。例如马斯洛（Abraham H. Maslow）的需求理论，高级需求只在低级需求满足的前提下产生。自我扩张的动机却不受顺序的影响，可以出现在任何时候。二是将他人纳入自我原则。扩张自我的一个重要途径是亲密关系，因为在亲密关系中一个人在某种程度上可以拥有伴侣的资源、观点、身份。可以使用一个简单的量表来测量将他人纳入自我的程度（Aron et al.，1992）。这个量表由 7 对圆圈组成（见图 1.2），后一对重叠得都比前一对略多。每一对中一个圆圈代表自己，另一个代表他人。人们在 7 对圆圈中选择 1 对最能代表自己和他人（如恋人）关系的圆圈。研究结果证明，一对夫妻选择的圆圈越重叠，其婚姻满意程度就越高，对婚姻的承诺水平也越高。

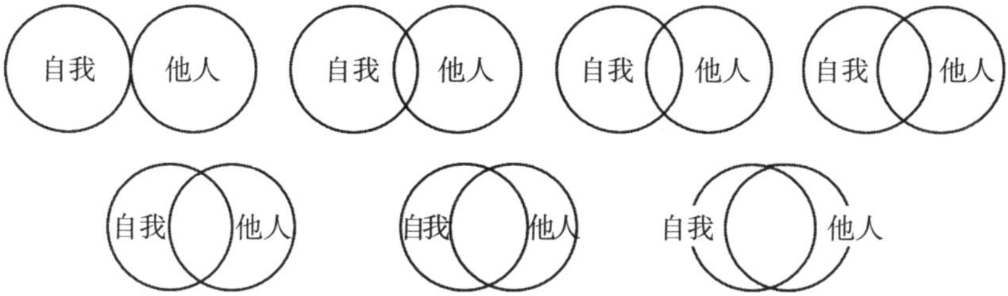


图 1.2 《将他人纳入自我量表》
（来源：Aron et al.，1992）

自我效能感是心理学家班杜拉（Albert Bandura）提出的概念，指人们对自身利用所拥有的技能完成某项工作的自信程度。自我扩张理论认为，人们总是试图提高自己的潜在效能感，此处强调的不是实现具体目标的动机，而是获取更多的资源和能力，从而拥有更容易实现目标的能力的动机。亚瑟·阿伦等研究者开发了《自我扩张问卷》(Self-expansion Questionnaire)，测量亲密关系中的自我扩张体验（Aron et al.，1992)。题目包括："你的伴侣在多大程度上提高了你完成新事物的能力?""你在多大程度上把你的伴侣看作扩展自己能力的一种方式?""你的伴侣在多大程度上丰富了你的自我?"他们发现，人们在这一问卷上得分越高，对恋爱关系就越满意。这么说来，按照自我扩张理论，人们在寻找伴侣时，最容易被那些最有可能帮助自己扩张自我的人吸引，因为自我扩张体验能带来奖赏；伴侣拥有的特质、资源、环境与我们自己拥有的越不相似，并与我们理想中的自我越相似，我们就越可能被他吸引。

恋爱的开始阶段总是热烈的，因为这一阶段自我扩张的速度非常快。亚瑟·阿伦及其同事在 1995 年发表了一项研究，对参与者进行 2 周一次、持续 10 周的跟踪调查。在每次调查中，通过问参与者

“今天你是谁?”评估其自我概念，参与者有 3 分钟的时间写出不同的单词和短语以回答这一问题。此外，还评估了参与者的自尊和自我效能感。他们发现，相比没有恋爱的参与者，刚开始恋爱的参与者的自我概念发生巨大变化，出现快速扩张，会使用更多的词语描述自我，其自尊和自我效能感也增强了。

恋爱关系稳步推进后，情侣们已经互相熟悉，自我扩张速度减缓，可能体验到倦怠和失望。此时情侣一同参加新颖的挑战性活动，最有助于重燃激情。在亚瑟・阿伦及其同事的一项研究中，情侣们被随机分成两组：实验组的情侣的手脚被绑在一起，他们需要在规定时间内一起努力，用头移动一个泡沫圆筒；控制组的情侣的手脚没有被绑在一起，也不需要移动泡沫圆筒，只需要自己在垫子上移动（Aron et al.，2000）。实验组的活动新奇且具有挑战性，需要情侣们协作完成；控制组的活动则普通且没有什么难度，很容易完成。研究结果发现，无论是还在约会的情侣还是已经结婚多年的夫妻，相比普通活动，在完成新颖的挑战性活动后，都感到双方的关系更紧密了，对恋爱或婚姻的满意度也提高了。

当人们处在恋爱关系中，体验不到自我扩张或不能将伴侣纳入自我时，就容易对感情不忠。当人们选择结束一段感情，人们在恋爱中将伴侣纳入自我的程度越高，体验到的自我扩张越多，关系破裂时自我概念减少得就越多，此时体验到的与分手有关的悲伤就越强烈（Lewandowski & Ackerman，2006）。恋情结束后，人们不仅感到悲伤，还感到失去了一部分自我，常常茫然失措。

# 第二章

# 浪漫吸引力

人际吸引是社会心理学的一个重要研究领域。它能诱发最初的吸引（initial attraction），进而诱发更深层的浪漫关系。

社会心理学家总结了一系列人际吸引的规律：相似律是指我们喜欢与自己相似的人，特别是在重要问题上和自己态度、观点一致的人；接近律是指我们更容易喜欢与自己距离近的人，物理距离的接近或频繁地接触更容易让我们产生熟悉感，从而互相了解，产生吸引力；互惠律是指我们更容易喜欢那些喜欢我们的人，不经意间表达的爱意会恰好让我们留意对方并萌生好感。在爱情中我们希望对方表达的爱意是独特的、具有排他性的，而不是对所有人都表达好感。不过，爱情不会这么简单。有时候，当我们不确定对方是否喜欢自己时，反而会被更强烈地吸引——不确定性增加了人际吸引力。爱情中不仅存在不确定性，而且存在种种阻碍。这些阻碍也许会让我们失去浪漫、美好的爱情，同时也让爱情更珍贵，让那些得不到的人更具有吸引力。

## 惺惺相惜：相似与浪漫吸引力

人际吸引规律中重要的一条是相似律：我们喜欢与自己相似的人。

美国得克萨斯大学的研究者拜恩（Donn Byrne）在 1961 年发表的论文中，使用实验方法证明了这一规律。拜恩等人招募参与者，让他们表达对 26 个问题的态度。这些问题既包括一些重要问题（如对正直的态度），也包括一些无足轻重的问题（如对电影、电视节目、古典音乐的态度）。参与者还被要求评价每个问题的重要程度。两周后，这些参与者被告知，另外一群参与者完成了相同的问卷。研究者给他们看其他参与者完成的问卷，要求他们作出评价。事实上，其他参与者完成的问卷是研究者伪造的，这些问卷被伪造成四类：与参与者的态度完全一致的问卷（态度相似组）；与参与者的态度完全相反的问卷（态度不相似组）；在重要问题上与参与者的态度一致，但在不重要问题上与参与者的态度相反的问卷（重要态度相似组）；在重要问题上与参与者的态度相反，但在不重要问题上与参与者的态度一致的问卷（不重要态度相似组）。

结果发现，相比态度不相识组，参与者更喜欢与自己的态度一致的人，还认为他们智力更高，掌握的时事知识更广泛，更有道德，更具适应力；相比不重要态度相似组，他们更喜欢在重要问题上和自己的态度一致的人（见图 2.1）。

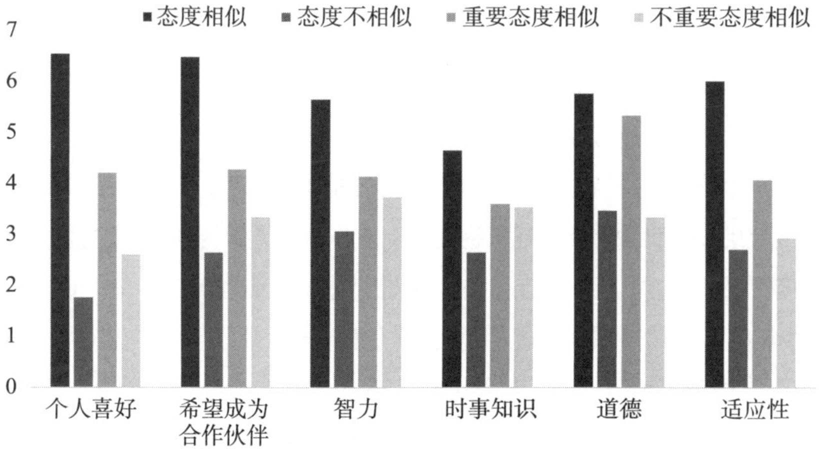


图 2.1　他人态度相似与否影响我们对他人的判断

（来源：Byrne，1961）

拜恩的研究设定的情境只是一般的社会交互情境，并不是恋爱情境。在以寻找伴侣为目的的情境中，相似律也适用吗？来自美国得克萨斯州农工大学的蒂德韦尔（Natasha D. Tidwell）、伊斯特威克（Paul W. Eastwick）和来自美国西北大学的芬克尔（Eli J. Finkel）在闪电约会（speed-dating）情境中研究了相似律。

闪电约会是心理学家研究浪漫吸引力常用的研究范式，通常由人数相等的男性、女性组成。每对男性和女性进行一个短小的约会，时间从 3 分钟到 8 分钟不等。时间到了，当前约会停止，并与下一位异性开始新一轮约会。约会结束时，参加者可以决定是否有兴趣后续再了解对方。如果双方都有兴趣，就可以交换联系方式，开始进一步的接触。

研究者让参与者提前填写一些问卷，涉及对自己的评价（外表吸引力、职业前景、有趣、友好、自信、聪明等维度）、人格、社会性态度（sociosexuality，指对性行为的态度）、传统价值取向、政治观点等。约会结束后，参与者对每个约会对象的特点作出评价，并对每个约会对象和自己的总体相似程度进行评分，最后评价对每个约会对象的喜欢程度。研究者发现，与参与者在各个维度上的真实相似程度相比，参与者感觉到的自己与约会对象的相似程度（参与者在各个维度上的自评和给约会对象的评分的分数差异）更能预测其对约会对象的喜欢程度。参与者对自己和约会对象总体相似程度的评分（例如，“我觉得我和对方有很多相似之处”）也能非常好地预测其对约会对象的喜欢程度。也就是说，与约会对象事实上有多相似并不重要，重要的是当事人觉得自己和对方有多相似。反过来说，也许是因为当事人对约会对象产生了好感，所以觉得对方和自己更相似。

相比传统的面对面约会，利用在线交友平台寻找恋人是当今社会更流行的交友方式。单身男女在在线交友平台上注册，展示个人介绍、照片和其他信息，供其他用户浏览。这种新兴的交友方式能迅速扩大交友范围，但同时缩小了可供我们加工的信息的范围。在线交友也引发心理学家的研究兴趣。美国麻省理工学院媒体实验室的研究者菲奥里（Andrew T. Fiore）和多纳特（Judith Stefania Donath）分析了 6.5 万名在线交友网站注册会员的在线互动记录，目的是探究在在线交友网站上人们在寻找具有何种特质的恋人。他们发现，人们更喜欢寻找与自己具有相似特质的人，这与线下约会类似：相似诱发浪漫吸引力。

上述两个探究相似与浪漫吸引力的研究都是在自然环境中进行的，研究者没有作任何干预。无论是线上交友还是线下约会，参与者是在完全没有人为干扰的情况下交流的。研究者只是邀请参与者做了一些问卷或作出评价，如让参加闪电约会的参与者根据自己的态度对一些观点评分，并评价自己对约会对象的喜好程度，或者分析在线交友网站上用户的自我介绍和在线互动情况等。所以，两个研究得出的结论只是相关的关系。也就是说，相似性越高，喜爱程度就越高，但这一结论不能进一步推论为相似性高导致喜爱程度的增加，因为这一结果还有另一种解释：人们越互相喜欢，感觉到的相似性就越高。在研究中，参与者选择交友对象时可以获得很多信息（如外表吸引力），完全有可能先产生好感，后因为好感而感觉双方更相似（Marks et al.，1981）。

相似律并不是适用于所有情况。除了相似的态度、观点、价值观会让人产生好感，也有研究表明，人格特质的相似同样能产生吸引力，但效果并不稳定（Klohnen & Luo，2003）。如果你拥有一些积极的人格特质，如活泼开朗、善解人意，约会对象也拥有相似的积极人格特质，你们就可能相处愉快。但当你拥有一些不那么积极的人格特质，如情绪不稳定、孩子气，你可能并不希望约会对象也和你一样。

发现一个陌生人和自己有相似之处，会让我们感到惊喜。茫茫人海中，这个和自己有相似之处的陌生人似乎就是“命中之人”。这不仅能让我们感受到浪漫吸引力，而且能使我们在相处时更幸福，虽然有时候，我们并不清楚是幸福的两性关系源于双方的相似，还是幸福的两性关系让双方更深入地了解彼此的相似之处。

## 近水楼台先得月：接近与浪漫吸引力

娱乐圈有许多因戏生情的情侣，虽然有些情侣已经分道扬镳，但相信他们像所有热恋的情侣一样，曾经品尝过爱情的甜蜜。演员演戏，特别是对手戏，有更多的“亲密接触”，更容易假戏真做，产生爱情的火花。就像陶虹在采访中谈到当初因戏结缘时所说的：“拍着拍着，就觉得相互之间越来越了解。”在剧组相对封闭的环境中长时间相处可以增进演员之间的了解，也可以因了解而生情。

在日常生活中，你也许发现了类似现象：一起工作的同事、一起上课的同学更可能发展为情侣。这一现象被心理学家称为“接近律”（proximity），也就是物理距离越近，更准确地说，人们互相接触的可能性越大，产生好感的可能性就越大。当然，爱情是神秘又难以琢磨的，接近不一定会产生爱情，但越接近或接触越多，产生好感的可能性就越大。

在选择朋友时，我们选择了与自己相处愉快的人，还是选择了最熟悉的人？你可以试着回想一下，你童年时的好朋友在学校中的座位是否与你的座位很近？或者是否住得与你很近，经常在同一个地方玩耍？在早期的经典研究中，美国心理学家费斯廷格（Leon Festinger）、沙赫特（Stanley Schachter）和巴克（Kurt Back）等人研究了麻省理工学院学生的交友情况。这些学生在学校住宿，被随机分配到不同的宿舍。研究者发现，他们在学校学习、生活了一段时间后，宿舍挨得更近的学生更可能成为朋友。有意思的是，宿舍仅一墙之隔的学生最有可能成为朋友，概率高达 41%，住在同楼层却相隔最远的学生成为朋友的概率只有 10%。仅仅几步之遥，就可能给人们的交往造成不小的阻碍。当然，这个结果仅基于麻省理工学院的学生宿舍，按照研究者的描述，这些宿舍都是单间，住得近的学生既可以互相交流，又能保持相对独立的空间。住集体宿舍的学生会有怎样的表现呢？根据我的观察，同宿舍的学生中确实有关系很好的朋友，但也有因为日常生活摩擦而关系不亲密的学生。

物理距离上的接近使我们更容易了解对方，因而喜欢上对方；物理距离上的遥远让我们失去互相了解的机会，因而失去成为朋友的基础。

接近的意义不仅仅是让人们互相了解，人们还会因为熟悉而喜欢，心理学家将其称为“暴露效应”（mere-exposure effect），即人们会仅因为熟悉而喜欢。美国密歇根大学的扎荣茨（Robert B. Zajonc）最早用实验验证了这一效应。他给参加实验的参与者看一些他们并不熟悉的材料，如外国文字（类似中文的字符，见图 2.2）、图片、面孔等，并给自己对这些材料的喜好程度评分。有些实验材料只呈现 1 次，而有些材料呈现多次。结果发现，呈现的次数越多，对这些材料的评分越积极。

图 2.2　扎荣茨实验中使用的类似中文的字符

（来源：Zajonc，1968）

美国匹兹堡大学的研究者莫兰（Richard Moreland）和比奇（Scott Beach）用实验证明，暴露效应不仅适用于物，而且适用于人。他们找了 4 位长相相似的女生，参加某一门大学课程，这门课程是有一百多位学生报名参加的大课。每位女生参加课程的次数不同，分别是 0 次（没有参加）、5 次、10 次和 15 次。为了保证结果仅仅由暴露次数的不同导致，这些女生并不与其他学生互动，只作为学生来上课。学期结束时，他们请班上的一百多位学生看 4 位女生的照片，在熟悉度、吸引力、与自己的相似程度等方面作出评分。虽然暴露的次数对熟悉度的影响不大，却对吸引力和相似程度有很强的影响：女生出现的次数越多，其他学生觉得她的吸引力越强，与自己的相似程度也越高。

看到这里你可能产生这样的疑惑：在一个一百多人的教室里，大家可能不会注意到每一个听课的学生，如果没有留意研究者派来听课的 4 位女生，这样的效应还会存在吗？有意思的是，研究发现，暴露效应并不需要我们意识到我们见过这些女性。

进一步的研究甚至发现，当暴露发生在我们没有意识到的时候，对我们的影响会更大。也就是说，一个人在我们眼前一闪而过，快得我们甚至没有意识到我们看到了这个人，相比我们知道在某个场合见过这个人，更可能让我们产生好感。来自美国葛底斯堡学院的伯恩斯坦（Robert F. Bornstein）和来自纽约州立大学布法罗分校的莱昂内（Dean R. Leone）、贾列（Donna J. Galley）用研究证明了以上现象。在研究中，参与者看到一些快速呈现的照片，有些照片呈现的时间太短（48 毫秒），参与者可能意识不到自己看到了这些照片；有些照片呈现的时间较长（200 毫秒），足够让参与者意识到自己看到了这些照片。结果发现，那些没有进入参与者意识层面的照片诱发更强的暴露效应。也就是说，参与者更喜欢自己见过很多次，却意识不到曾见过的照片。有趣的是，研究者让参与者在实验室遇见了他们在实验中看过照片的人，相比意识到自己见过照片的人，参与者与实际见过照片但没有进入意识层面的人交谈得更愉快。或许，见到我们看见过但没有进入意识层面的照片中的那个人，会让我们产生无法解释的熟悉感，因而更着迷。

扎荣茨认为暴露效应有非常重要的进化意义。新异的人或物可能带来危险，会吸引我们的注意，这能帮助我们的祖先快速作出反应。暴露能让我们产生熟悉感，而熟悉意味着安全。虽然人类早已不再身处危机四伏的远古世界，但依旧保留着进化下来的对陌生人或物的警觉。我们见过多次的人或物，无论是否记得，都会因熟悉而更加喜欢。

皮尤研究中心（Pew Research Center，美国一家独立民调机构）2006 年的一项调查显示，在美国的结婚或长期伴侣关系中，有 38% 的伴侣是在工作或学习中结识彼此的，其余的虽然不在工作、学习中结识，但也是在住处的附近结识的，如住处附近的健身房、教堂等。

如果你还没有找到自己的另一半，可以多出去走走，也许你的另一半一直在附近等着你。

## 投我以木桃，报之以琼瑶：互惠与浪漫吸引力

我们更容易喜欢那些喜欢我们的人，这一现象被心理学家叫作“互惠法则”（reciprocity principle）。这不难理解，谁也不喜欢“热脸贴冷屁股”。想象一下，如果你在工作或学习场合遇到一个陌生人，你们简短交谈一番后就告别了。你对这个人没有更深的印象，毕竟他只是偶然遇到的陌生人。几天之后，一个既认识你又认识他的同事或同学恰巧提到他，还告诉你他对你赞不绝口，此时你会有什么样的感受？也许你会在心里偷着乐一会儿，几天之前的模糊印象此时可能因为这句简短的话而改变。你或许会好好回忆一下之前见面的场景，下次遇到他会愿意再次与他交谈，回馈他的好评。

我们每个人的内心深处都有强烈的归属需要，当我们被他人喜欢、接纳时，我们感到快乐。反过来，当他人对我们表达好感时，我们通常也愿意以好感回馈对方。

1966 年发表在《心理科学》（*Psychonomic Science*）上的一个经典研究用实验验证了这一现象。心理学家埃利奥特・阿伦森（Elliot Aronson）和沃切尔（Phillip Worchel）招募了一些参与者，这些参与者两两配对，进行简单的交谈。交谈后，要求参与者写下对与他们配对的另一名参与者的评价。所有参与者都可以看到他人写下的评价，

只不过不知道他们交谈的对象并不是他们以为的其他参与者，而是研究人员安排的假参与者。这些假参与者被随机分成两组，一组写下喜欢配对参与者的评价，另一组写下不喜欢配对参与者的评价。随后，再次邀请真正的参与者单独（没有配对假参与者在场的情况下）写下对配对假参与者的评分。显然，相比不喜欢自己的配对假参与者，参与者对喜欢自己的配对假参与者有更强烈的好感。

虽然我们喜欢那些喜欢我们的人，但在爱情中，我们并不喜欢恋人对所有人都表达好感。因此，根据互惠对象的不同，研究者将互惠分成两类：两人之间的互惠（dyadic reciprocity）和普遍的互惠（generalized reciprocity）。前者强调的是两人之间具有排他性和独特性的喜欢，后者指人们喜欢的人不止一个，而是有很多个，那些被喜欢的人也会回馈他们的好感。两种互惠在非恋爱关系中都成立，但在恋爱关系中，普遍的互惠就不成立了，甚至可能起反作用。

美国西北大学的研究者伊斯特威克、芬克尔、莫雄（Daniel Mochon）和艾瑞利（Dan Ariely）在闪电约会场景中探究了不同的互惠对选择约会对象的影响，相关论文于 2007 年发表在《心理科学》（*Psychological Science*）上。在闪电约会中，单身男性和女性有机会进行简短的交谈，然后双方共同决定是否进一步交往。在这个研究中，研究者让参与者在每一轮见面交谈后都对自己对约会对象的喜好程度作出评分。研究者发现，参与者越容易对越多的约会对象打高分（也就是说，他喜欢的标准很低，愿意与很多人有后续交往），反而越不容易得到他喜欢的对象的好感；当参与者只对某一个约会对象打高分（也就是独特的、唯一的好感），会更容易得到对方的好感。可见，参与者虽然看不到约会对象的评分，却能辨别出“特别的好感”并以好感回馈对方；对于看起来不具选择性的示爱，他们不仅不会回馈好感，反而会拒绝对方。

学习、工作中的人际关系有时与恋爱关系相似，有一些共同的规则可循。例如，我们都更容易与频繁接触的人成为朋友或恋人，更喜欢外表吸引力高的人。但恋爱关系也有独特之处，显而易见的一点是，我们不在乎在友情关系或工作关系中，喜欢我们的人是不是只喜欢我们，但在爱情中我们得到的喜欢必须是独特的，其他人没有的。

当你寻找伴侣时，向心仪之人表达好感很重要，但更重要的是，这份好感必须是“特别的爱献给特别的你”。

## 爱我还是他？不确定的魅力

在《灰姑娘》的童话故事中，王子为何在众多倾慕者中选择了舞会上中途溜走的灰姑娘？灰姑娘固然美丽动人，但舞会上盛装女子云集，王子为何视而不见？试想一下，王子在满屋子渴求的目光中，发现了迟疑、胆怯的灰姑娘，王子邀请她跳舞，但几支舞曲后她不辞而别。王子想追，但灰姑娘最终在他的眼皮底下溜走了。王子猜不透她的心意，不知道她为何来参加舞会，又为何不辞而别。这份猜不透让他百爪挠心，也坚定了一定要找到灰姑娘，非她不娶的决心。

很多青春小说也告诉我们，爱情最美好的阶段通常是恋爱关系确定之前。互生好感的两个人在每一次道别后，会在脑海里像放电影一样回想每一个见面细节，反复猜想对方的心思。还未确定恋人关系的两个人既感受到爱情的甜蜜，又心存疑虑，行为克制，因而留给彼此相对完美的印象。

人是好奇的动物，会被生活中的不确定吸引。小时候，我们花几个硬币扭蛋，在乎的不是那些玩具，而是好奇这一次会掉下来什么玩具。长大后我们不喜欢墨守成规，想去一个新城市，学习一门新语言或选择新职业。虽然已经不再是小孩了，却还会被盲盒这种与扭蛋相似的东西吸引。在选择伴侣时，我们也不例外，会被“不确定”的人吸引。

美国弗吉尼亚大学的研究者惠特彻奇（Erin R. Whitchurch）、蒂莫西・D. 威尔逊（Timothy D. Wilson）和吉尔伯特（Daniel T. Gilbert）用研究验证了这一现象。他们招募了 47 位女大学生参加研究，她们被随机分成三组。“喜欢组”的女大学生被告知，一些男生看了她的脸书（Facebook）账号的内容，其中有 4 位男生最喜欢她；“一般组”被告知，这 4 位男生对她的喜欢程度很一般（中等水平）；“不确定组”则被告知，这 4 位男生要么最喜欢她，要么一般喜欢她。随后，请这些女大学生浏览 4 位男生的脸书账号的内容，评价他们的吸引力。在这个实验中，除了三组女大学生被告知的内容不同，4 位男生脸书账号的内容是完全一样的。

结果发现，相比“一般组”，参加实验的“喜欢组”女大学生觉得最喜欢自己的男生吸引力更高，这符合吸引力的互惠原则。但有意思的是，不确定是否喜欢自己的男生（不确定组），得到了最高的吸引力分数（见图 2.3）。不确定性增加了吸引力，研究者认为，当我们不知道对方是否喜欢我们时，会花更多时间想对方，也许是在猜测对方的心意，也许是在分析蛛丝马迹，“四舍五入”后都是在想着对方，因而增加了对方在我们心中的分量。

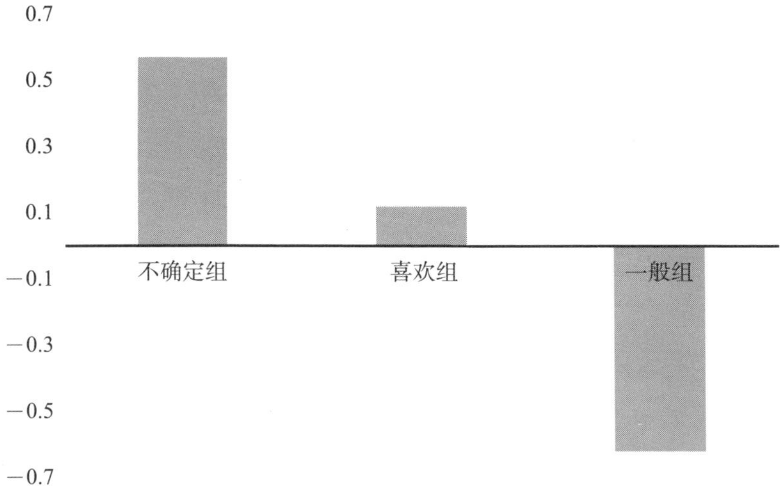


图 2.3　不确定性引发的人际吸引
（来源：Whitchurch et al.，2010）

人们被神秘的异性吸引，就像被其他新鲜事物吸引一样。但心理学家认为，在选择伴侣时迷恋神秘的异性，这与我们愿意花（很多）钱买盲盒还有所不同，还有更深层次的原因。

研究者发现，彼此熟悉的人难以触发浪漫的激情，特别是孩童阶段就一起生活的人。以色列海法大学的研究者谢帕德（Joseph Shepher）研究了在以色列集体农场中生活的人。在这样的农场中，年龄相仿的儿童生活在一起，一起玩耍、学习、吃饭、洗澡、睡觉，成年后他们很少会结为夫妻。

在一个大范围研究中，谢帕德同样发现，在 211 个社区的 2769 对夫妻中，只有 14 对夫妻小时候生活在一个集体农场中，但这 14 对夫妻中没有一对在 6 岁之前生活在一起。谢帕德认为，儿童时期，尤其是 6 岁之前的幼儿期，长时间生活在一起会使人们形成兄弟姐妹式情感，不会产生浪漫激情。

从进化心理学的角度，这样的现象是长期演化的结果。近亲结婚会产生不良后果，如增加后代的死亡率和认知功能受损的概率，增加患遗传疾病的概率。想想古代的欧洲王室吧，王室之间曾有通婚的传统，目的是保证血统的高贵，但通婚的次数多了，近亲结婚就变得不可避免，经常有婴儿出生时就患有严重的遗传疾病。为了不出现这些恶果，人们在长期的进化中形成避免近亲繁殖的行为机制：幼年生活在一起的人成年后会形成性厌恶，很少互相产生性吸引力。当然，这不是说从小生活在一起的人长大后会彼此厌恶，而是说他们会产生类似亲缘关系的信任，但很少产生两性之间互相吸引的情愫。

我的博士生导师英国格拉斯哥大学的德布鲁因（Lisa M. DeBruine）2002 年曾做了一个有趣的研究。她先给参加研究的参与者拍照，并通过计算机软件将一些实验中的面孔图片变得和参与者的面孔更相似。在正式实验中，让参与者对这些与自己相似的面孔和其他面孔作出可信度和吸引力的评分。当然，参与者并不知道这些面孔中有些是经过处理的。

结果发现，相比与陌生人相似的面孔，参与者认为与自己更相似的异性面孔更值得信赖。有意思的是，有没有兄弟姐妹会影响他们对这类面孔的吸引力的判断。对女性参与者来说，有兄弟（特别是弟弟，而不是哥哥）会使她们认为与自己更相似的异性面孔更值得信赖，但她们不会认为这类面孔更具有吸引力；没有兄弟的女性则会认为这类面孔更可信，也更具有吸引力。研究者认为，这一现象源于人们避免近亲结婚的行为机制。有异性兄弟姐妹的人由于年幼时与异性兄弟姐妹一同成长，激活了这一回避机制，而与自己面孔相似是一个亲缘线索，提醒他们自己与这类人可能有亲缘关系。这种亲缘关系会使人们更亲近，但不会产生两性之间的吸引力。

进化使我们排斥与有亲缘线索的异性成为伴侣，更容易被成长环境之外的人吸引，就像王子会期待灰姑娘一样。

## 为伊消得人憔悴：得不到的更迷人？

爱情不是总如我们所希望的那般完美。我们在寻找伴侣时选择的对象不一定能和我们发展成恋爱关系，这当中可能存在种种阻碍，让我们失去原本浪漫、美好的爱情。我们为失去而心碎，得不到的人会更具魅力，心理学家认为造成这种现象的一个重要原因是抵抗心理。抵抗出现在人们选择或行动的自由被剥夺时，人们会反抗以夺回自由。当人们被告知失去某项自由，这个被禁止的选项立刻变得更诱人。这非常常见，想象一下，一个小孩面前有五颜六色的糖果，如果你告诉他不能吃其中红色的糖果，本来平凡无奇的红色糖果就会立刻变成小孩最想尝一尝的糖果。

文学和影视作品中对这一现象有详尽的描述。张爱玲在《红玫瑰与白玫瑰》中有这样的描写："也许每一个男子全都有过这样的两个女人，至少两个。娶了红玫瑰，久而久之，红的变了墙上的一抹蚊子血，白的还是'床前明月光'；娶了白玫瑰，白的便是衣服上沾的一粒饭黏子，红的却是心口上一颗朱砂痣。"在金庸先生的《神雕侠侣》中，杨过和小龙女在出古墓之前还停留在性情相投、互生好感的阶段，并未明确谈及男女之事，但出古墓后，世人因为封建伦理，以师徒之名阻挠两人以情侣身份示人，两人的爱情迅速升温。在电影《泰坦尼克号》中，富家少女罗丝不愿嫁给有钱、势利的未婚夫卡尔，爱上了穷小子杰克。杰克的“放纵不羁爱自由”戳中了罗丝同样向往自由的心，世俗的偏见和家人的反对只能坚定罗丝反叛的决心。这样的例子不胜枚举，以至于心理学家最初以莎士比亚的著名作品命名这一现象，将其称为“罗密欧与朱丽叶效应”( Romeo and Juliet effect )。

罗密欧与朱丽叶效应是指，如果父母干涉子女的恋爱，反而会使子女增加感情和恋爱中的投入。来自美国科罗拉多大学的心理学家德里斯科尔 ( Richard Driscoll )、戴维斯 ( Keith E. Davis ) 和洛佩兹 ( Milton E. Lipetz ) 1972 年在《人格和社会心理学杂志》( *Journal of Personality and Social Psychology* ) 上发表了一篇论文，记录了这一现象。他们使用问卷的方式调查了 140 对情侣，发现父母干涉子女的恋爱会使恋爱关系更牢固，使感情升温。研究者用抵抗来解释这一现象，认为父母的行为让情侣用更坚固的感情抵抗干涉。

进一步的研究却发现，罗密欧与朱丽叶效应出现的时间很短，很快就会消退。罗密欧和朱丽叶最终走向殉情，他们的爱情并没有经历现实世界的磨砺。心理学家辛克莱 ( H. Colleen Sinclair )、胡德 ( Kristina B. Hood ) 和赖特 ( Brittany L. Wright ) 2014 年在《社会心理学》( *Social Psychology* ) 上发表了一项研究，他们发现，因家庭或朋友反对产生的强烈感情大多数情况下只能维持几个星期或几个月，随着时间的流逝，这种强烈的感情会趋于平淡。此时，没有家庭或朋友支持的恋爱会面临更多的困难，更可能因此感情变差。

为什么父母会干涉子女的恋爱？通常是因为父母和子女对适合子女的恋爱对象的选择标准不一致。英国华威大学的心理学家艾普斯托卢（Menelaos Apostolou）调查了人们在为自己或子女选择伴侣时不同特质的重要程度。他发现，人们选择自己的伴侣时，更看重外表吸引力和有趣的个性。但当他们为子女选择伴侣时，更看重良好的家庭和相似的宗教信仰。这说明在为子女选择伴侣时，父母更看重这个人是否适合，忽略了能够产生两性吸引力的个人特质。

在莎士比亚的笔下，父母和家族的反对把罗密欧和朱丽叶推得更近，他们以死抗争，获得“在一起”的自由。现实生活中，父母这样做会让一段感情成为“禁果”，虽然被禁止，却产生更强的吸引力。不过，这种吸引力不会长久存在，恋爱需要经得起时间和生活的考验，而父母的支持对子女恋爱关系的延续有积极作用。

# 第三章

# 论颜值的重要性

2020 年底，一个名叫丁真的藏族小伙火遍全网，他的走红最初完全是出于高颜值，对他毫不了解的网友被他帅气的外表和纯真的笑容吸引。他在各大社交网站获得大量关注，不仅他本人，就连他的小马、家乡理塘等都成为网友讨论的热点。丁真走红这一现象本身，也引发网友的激烈讨论。一种观点认为，丁真火得莫名其妙；另一种观点则认为，丁真因颜值走红无可厚非，毕竟很多明星也是因为颜值而被大家接受和喜爱的。无论众人有何看法，丁真的走红再次证明了颜值的重要性。

在择偶领域的研究中，颜值，也就是外表吸引力，始终是一个重要的研究热点。大量研究都证明，外表吸引力对于择偶至关重要。进化心理学认为，人们喜欢颜值高的异性有重要的进化意义：外表吸引力是一个强大的线索，能帮助我们找到更健康的伴侣，从而生育更健康的后代，更健康的后代会有更高的生存概率，能使我们的基因延续下去。社会心理学家也认为，外表吸引力是产生人际吸引，特别是浪漫吸引力的重要因素。

什么样的外貌最具吸引力？什么情况下外表吸引力对择偶的影响会减弱？接下来，我将向大家介绍一系列有趣的心理学研究。

## 我们其实都是“外貌党”

爱美之心，人皆有之。喜欢美好的事物似乎是人类的天性。无论我们怎么标榜自己不以貌取人，事实上，我们都不可避免地受外貌的影响。当我们第一次见到一个陌生人，他的外貌会影响我们最直观的印象。虽然身材、衣着也是我们关注的内容，但大部分时候，我们的关注焦点仍然在对方的面孔上。可以说，从婴儿时代起，我们就学会关注同类的面孔：即使我们什么都听不懂，什么都不会说，也已学会关注养育、照看我们的父母或长辈长什么样子。

从面孔上，我们可以迅速解读出一些基本信息，如对方的种族、性别、年龄。不过，我们得到的信息远不止这些。我们还会自然而然地作出一些判断，如对方好不好看，值不值得信赖，是否聪明，等等。

我们都喜欢好看的人，都对以貌取人相当精通。也许你没有意识到自己会如此，现在你就可以回想一下最近一次与新朋友见面时，是否在看到新朋友的一瞬间就产生好感和信赖，或者不喜欢或远离的冲动呢？心理学家发现，人们可以快速对面孔作出判断，哪怕面孔图片只是一闪而过，我们也能在好看与否、是否可信等多个维度上作出可靠的评价（Willis & Todorov，2006）。增加面孔出现的时间并不会改变我们的判断，只会增加我们对这些判断的信心。哪怕我们并不需要对面孔作出判断，我们仍然会自动且迅速地做这件事。长得漂亮的人常常因此受优待，相应地，长相不佳的人也常受到不公正的对待。心理学家发现，好看的孩子常常成绩更出众，长相出众的青年在找工作时更容易获得职位，在工作中更容易获得好评和得到晋升（Langlois et al.，2000；Maestripieri et al.，2017）。这一部分源于人们对美女和帅哥的优待，一部分源于漂亮的人更容易自信，更善于沟通，而这些品质又可能源于从小就因外貌受到优待。

我们喜爱美好的事物，是因为它们能带来美好的享受。美丽的风景令人心旷神怡，优美的歌声直达内心，带来最深的感动。我们爱慕美貌之人是否与欣赏美景、艺术作品一样，只是为了获得美学上的享受?《自然》(*Nature*）期刊 2010 年发表过一个有趣的研究，回答了这一疑问。来自英国伦敦大学学院的研究者坎佩（Knut K. W. Kampe）等人使用功能性磁共振成像（functional magnetic resonance imaging，fMRI）技术，记录人们观看美丽面孔时的大脑活动状况。他们发现，此时大脑中的奖赏环路会激活。这一环路的激活同样发生在人们获得金钱、吃到美味时，人们因而感到满足并产生趋近的动机，想要继续获得奖赏物（金钱或美味等）。漂亮的面孔，特别是异性的面孔，对人们来说也是一种奖赏物，会激活大脑的奖赏环路。有意思的是，并不是漂亮面孔本身有奖赏价值。当漂亮面孔的视线并不直视我们，而是看向其他方向时，大脑的奖赏系统不再被激活。想象一下，假设你在某个社交场合，一位美女或帅哥看向你，此时你很可能会愉悦地回应（或许还会攀谈两句）。如果对方回避你的眼神，转向其他人，你可能就尴尬地停止互动了。这说明，在人际互动中，漂亮面孔本身不足以取悦我们，它携带的积极的人际互动信号（“这么美的人对我感兴趣”）才是我们喜悦的原因。

在选择伴侣时，无论男女，外貌都是重要影响因素。选择朋友时，你可能并不那么在意他的长相，但是选择伴侣时，我们不可避免地会更在意他的美丑。事实上，在心理学关于外表吸引力的研究中，有相当一部分是在恋爱、择偶的情境下进行的，这些研究（不出意料地）发现，人们更喜欢与外貌更佳的人约会和交往（Maestripieri et al.，2017）。

社会心理学认为很多因素影响浪漫吸引力（参见第二章），但在一些择偶情景中，外表吸引力的影响可能超过其他事物，成为关键因素。美国心理学研究者沃尔斯特（Elaine Walster）、薇拉・阿伦森

（Vera Aronson）、亚伯拉罕斯（Darcy Abrahams）和罗特曼（Leon Rottmann）在明尼苏达大学组织了一场面向新生的大型舞会，这场舞会实际上是他们为了探究什么因素影响浪漫吸引力而设计的。舞会的广告语是这样的：“这是你遇见与你兴趣相投的另一半的机会！”参加舞会之前，每位新生都需要完成一系列问卷和人格测试，并被告知，计算机会根据测评结果为其匹配一位最适合的异性舞伴。舞会是售票的，新生们对这场舞会非常期待，买票的队伍排得很长。由于场地限制，只有买到票的前 376 位男性和 376 位女性参加了舞会。

事实上，舞会的舞伴并不是根据测评结果匹配的，而是随机匹配。舞会上，成对的新生可以跳舞、聊天，在舞会的间歇，研究者让他们评价自己的舞伴，以探究各种因素对吸引力的影响，如不同的人格特质（内向与外向）、自尊或焦虑水平、人格的相似性等。但最终结果证实，这些因素不能，或者说不如外表吸引力更能预测浪漫吸引力。无论性格、能力如何，在初次见面的场景中，外表吸引力最能够预测一个人的受欢迎程度和吸引力。对浪漫吸引力有重要影响的其他特质，可能在更深入了解后才能发挥作用。

## 美丽的错觉：晕轮效应

外表吸引力也会影响我们对一个人其他特质的判断。社会心理学家认为，我们存在“美丽的都是好的”（what is beautiful is good）的刻板印象。也就是说，我们会赋予美丽的人各种优良的品质。例如，我们倾向于认为美貌的人更友好，更健康，更有智慧，更有能力，更慷慨，等等；与此同时，我们也倾向于认为丑陋的人比较笨拙，更内向，更不可靠（Dion et al.，1972）。这种刻板印象类似于心理学家桑代克（Edward Lee Thorndike）提出的晕轮效应，即我们会因为一个人的某个优点而美化对他的整体印象，就好像整个人笼罩在某个优点带来的光晕中。

无论是西方人还是东方人，都存在类似的刻板印象。例如，在对面孔图片评分时，都倾向于认为外表吸引力高的人拥有各种良好的性格和品质。在我们曾开展的一个相关研究中，参加研究的参与者向我们分享了对某张面孔照片的评价："这个人看上去浪漫且有风度，是一个有故事的人。对女朋友温柔体贴，失去爱情时会心碎……"在这位参与者继续补充想象中的细节时，出于好奇，我看了一眼图片。没错，这是一个长相帅气的男生。所有的充满细节的评价都来源于一张没有情绪表情（我们称之为"中性表情"）的面孔图片，当这张面孔美丽或帅气时，我们会赋予这张面孔一切美好的猜想。我们对外貌美的人作出积极的评价，还自认为这个评价完全出于公正，并没有被外貌影响。

"美丽的都是好的"，心理学家认为这种刻板印象可能源于社会期望。人们通常对美丽的人有更高的期待，仅一面之缘，还未深交之时，已对其有良好的印象，后来会表现出更善意、友好的态度，因而收获同样的正面反馈。哪怕在后续互动中有些许不愉快，也会轻易忽略。这种接受与自己预期相符的事实，忽略与自己预期不符的证据的现象，在心理学中被称为"验证性偏差"。

## 什么样的脸才美丽？

虽然我们每个人对美丽都有自己的独特认知，但大部分人在判断什么是美丽的面孔时会有一些相似的标准。

### 对称

我们的脸大体上是对称的，但如果仔细看，就会发现细微的不对称之处。现在你可以看看镜子或自己的照片，是不是会发现自己的左右脸有一点点不同？可能是脸型稍有些不一样，或者笑起来嘴有点歪，抑或左右眼有点大小不一致，等等。英国圣安德鲁斯大学的研究者佩雷特（David I. Perrett）、伯特（D. Michael Burt）等人标记面孔中每个部位的坐标，通过平均左边和右边面孔相应部位的坐标得到相应部位的平均坐标，据此调整，得到了真正对称的脸。他们让人们在对称脸和未经过对称处理的自然脸之间选择一个更好看的脸（见图 3.1）。这两张脸除了对称与否这一区别外，没有任何不同之处。他们准备了一系列这样的图片供人选择，结果发现，人们总是倾向于选择对称的脸，也就是说，人们认为对称脸比自然脸更好看（Perrett et al.，1999）。

一种观点是，对称脸反映了健康水平，健康的人更可能生育健康的后代，对称脸此时就代表更高的配偶质量（mate quality）。研究者推测，面孔的不对称是在成长的过程中因各种不利因素而产生的偏离正常发育的现象，反映了发育或发展的不稳定（Møller & Thornhill，1998）。

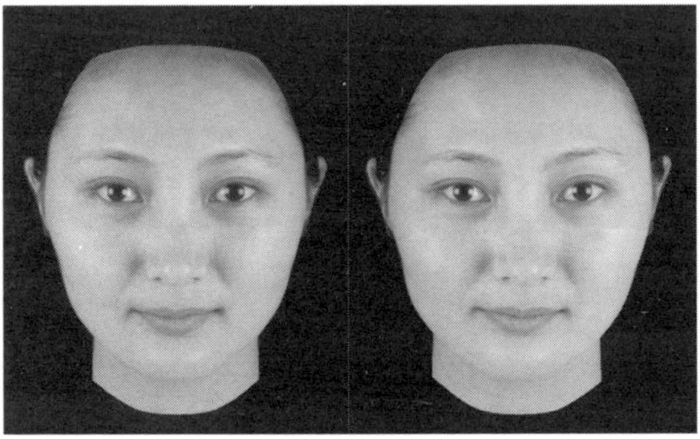

图 3.1　你觉得哪一张脸更美丽?
（左图为经过处理的对称脸，右图为未经处理的自然脸）

另一种观点则认为，对对称脸的偏好是因为对称脸更容易加工。心理学中有一种观点认为，加工流畅性（processing fluency）能够影响我们的偏好，当一个客体越容易加工（加工越流畅），我们对该客体的态度就越积极。例如，一篇字迹清晰、排版合理的文章，相比一篇字迹难以辨认、排版不佳的文章，更容易获得青睐。即使我们被告知不要受字迹、排版的影响，难以辨认的字迹和毫无章法的排版依旧会增加我们理解文字的难度，使我们作出负面评价。对对称脸的偏好与我们对其他对称物体的偏好一样，由视觉系统的特性决定（Reber，Schwarz，& Winkielman，2004）。不过，也有研究发现，相比之下，我们对异性对称脸的偏好更强烈，这样的现象就无法仅仅用视觉系统的加工流畅性来解释了（Little et al.，2001）。

**平均**

网络上曾经流传过平均脸的照片，有世界不同国家的平均脸，或者细分到不同地域（如长江流域、珠江流域等）的平均脸，甚至是不同高校的平均脸。从这些平均脸上，我们可以看出来自不同种族、国家，甚至不同地域的人们的脸部特征。你是否注意到，这些平均脸虽然长相不一样，但都很漂亮？研究发现，使用大量面孔平均而得的平均脸的颜值通常比大部分单个脸的颜值高。图 3.2 为男性与女性平均脸的图示，由 100 张男性和 100 张女性的脸平均后生成。

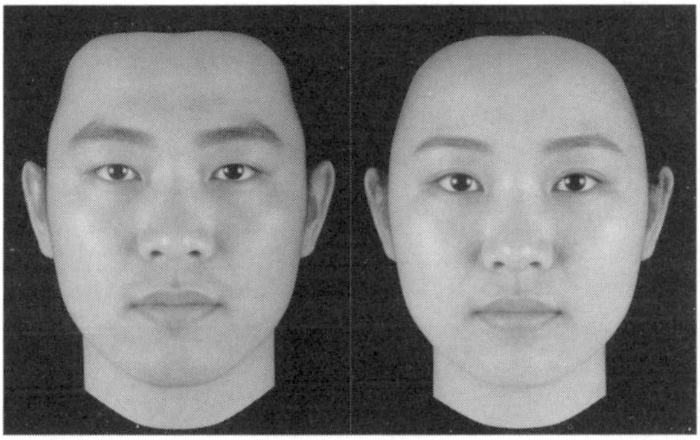

图 3.2　100 张男性和 100 张女性的脸部图片平均后生成的平均脸

进化心理学理论依然将对平均脸的偏好与繁衍后代的成功率联系起来（Thornhill & Gangestad，1993），认为一个人的脸与平均脸越相似，说明其基因的杂合度（heterozygosity）越高。基因的杂合度指某一个基因位点上的等位基因是杂合体的频率，这是一个基因健康的潜在指标。这一指标有可能遗传给后代，从而增加繁衍的成功率。同样，另外一种观点认为，对平均脸的偏好源自视觉系统的加工流畅性。平均脸与面孔的原型（prototype）更接近，更容易加工，所以加工流畅性更高，人们由此产生偏好。

看到这里你也许会有疑问：日常生活中，特别美丽的脸看上去并不像平均脸，这是为什么？事实的确如此，虽然我们觉得与平均脸越接近的脸越好看，但平均并不等同于好看。心理学家佩雷特等人对60张普通白人的脸进行平均化处理，得到普通脸的平均脸。然后挑选出这60张脸中吸引力最强的15张脸，用平均化处理得到漂亮脸的平均脸。他们发现，人们倾向于认为漂亮脸的平均脸吸引力更强。通常来说，组成平均脸的面孔数量越多，合成的平均脸吸引力越强。但漂亮脸的平均脸由15张面孔获得，吸引力却比由60张面孔合成的平均脸还要强（见图3.3）。这一现象说明，虽然我们倾向于认为平均脸更好看，但平均并不等同于美丽，美丽的脸显然具有一些不那么平均的特质，使其独具魅力。

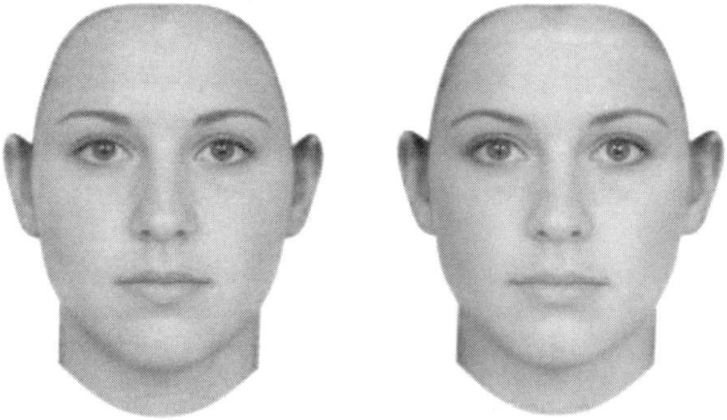

图3.3　你觉得哪一张脸更美丽？
（左图为60张普通脸的平均脸，右图为15张漂亮脸的平均脸）

**男性化与女性化**

我们的脸能传达一个重要的信息——性别。两性在面孔上的差别从青春期开始凸显，这与青春期激增的性激素水平相关。青春期的男性面孔逐渐显现阳刚的面孔特征，如方的下巴、颧骨和眉脊，女性的面孔线条则更加柔和。

对女性而言，相比男性化的女性脸，女性化的女性脸更具有吸引力。研究者发现，女性的脸越女性化，就会获得越高的吸引力评分（Rhodes et al.，2003）。进一步的研究通过操纵面孔的男性化或女性化程度，也得出同样的结论。

研究者通过以下操作分别得到同一张脸的男性化和女性化版本：首先采集一些面孔图片，分别对男性和女性的面孔图片进行平均化处理，获得男性平均脸（原型）和女性平均脸（原型）。接着将任意一张新的面孔图片向男性脸或女性脸的原型变化，得到男性化脸和女性化脸（见图 3.4）。研究者发现，当人们在女性脸的男性化和女性化版本中作选择时，通常更偏好女性化版本（Perrett et al.，1998）。

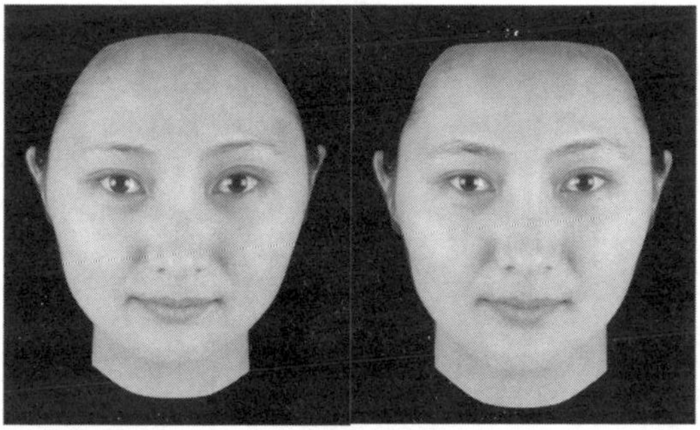

图 3.4 你觉得哪一张脸更美丽?
（左图为女性化的女性脸示例，右图为男性化的女性脸示例）

从进化的角度，人们更喜欢女性化的女性脸还是出于健康的原因。有研究者认为，性激素（雌激素或雄性激素）会抑制免疫系统，只有健康人才能拥有较高的性激素水平（Rhodes et al.，2003）。反过来，具有更明显的女性特质的女性可能更健康。我们喜欢这类女性的最终目的仍然是寻找能够生育出健康后代的伴侣，从而增加基因传递下去的概率。

对男性脸来说，对男性化与女性化的偏好因人而异。一些研究发现，人们偏好男性化的男性脸（Feinberg et al.，2008；Johnston et al.，2001；Little et al.，2008）。另外一些研究则表明，人们偏好女性化的男性脸（如 Little et al.，2001）。不同的研究得出不同结果，说明对男性面孔的偏好存在很大的个体差异。

由心理学家斯考特（Isabel M. Scoot）领衔，众多研究者为研究这一偏好进行了大规模数据采集，发现在不同的文化、社会、地域中，对男性面孔的男性化或女性化的偏好也有所不同（Scott et al.，2014）。例如，来自加拿大卡达山杜顺人（马来西亚原住民）的大部分女性偏爱男性化的男性脸；来自斐济及加拿大克里人（加拿大操阿尔冈昆语的印第安人诸民族之一）的大部分女性偏好中性脸（未经过处理的面孔图片）；来自尼加拉瓜及舒阿族（跨厄瓜多尔和秘鲁的一个部族）的大部分女性则偏好女性化的男性脸。有意思的是，这个研究也在中国的上海和杭州收集了数据。结果发现，大部分杭州女性喜

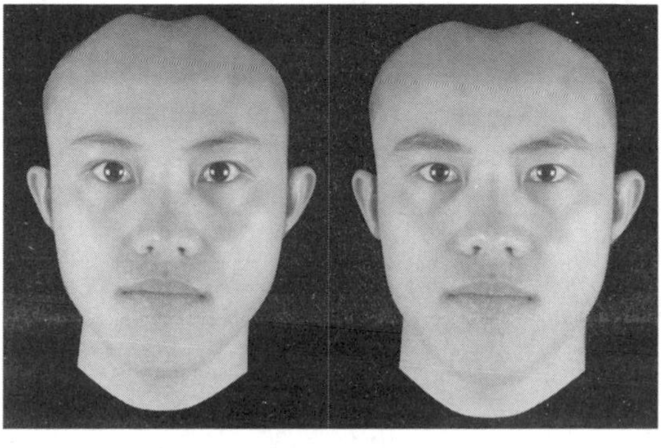

图 3.6　你觉得哪一张脸更美丽？
（左图为女性化的男性脸示例，右图为男性化的男性脸示例）

欢男性化的男性脸，而大部分上海女性喜欢中性脸。对男性化的男性脸的偏好似乎与地域有一定关系，但具体是什么原因导致的，研究者并无定论。特别之处是，对男性化的男性脸的偏好并不仅仅出现在西方社会或市场经济社会中，也出现在其他社会中，如游牧社会。

进化心理学家认为女性对男性面孔的偏好之所以存在差异，是因为女性在选择时需要权衡，要根据不同的环境、情景选择不同的策略（Gangestad & Simpson，2000；Gangestad & Thornhill，2008）。女性主要考量两种与养育后代相关的线索：基因和养育方式。男性化的男性脸既标志着良好的基因，与更高的雄性激素相关（较健康的男性才能有较高的雄性激素水平）（Rhodes et al.，2003），又与一些负面的人格特质相关，如冷漠、不诚实，较高的雄性激素也与攻击性、易怒等高相关。反过来，女性化的男性脸则与更温和、更具有好父亲的特质相关（Boothroyd et al.，2007；Penton-Voak et al.，1999）。女性在选择男性化或女性化的男性脸时，会在“好基因”和“好父亲”之间权衡。

## “肤浅”的吸引力：健康皮肤的重要性

无论是对称、平均还是男性化或女性化，都是脸型对面孔吸引力的影响，事实上，皮肤特征的影响也是巨大的。

多项研究表明，健康的皮肤能增加面孔的吸引力。我的博士生导师琼斯（Benedict Jones）曾做过一个研究，他在男性面孔图片的脸颊部分取一小块，让人们对这一小块皮肤的健康水平评分，结果发现，这一小块面部皮肤的健康程度的评分与整个面孔的吸引力评分具有高相关（Jones et al.，2004）。皮肤的同质性（homogeneity）对面孔吸引力有显著影响。皮肤越光滑，肤色越均匀（也就是我们日常所说的皮肤好），会使面孔看起来越美丽，同时我们也会觉得这样的面孔越健康、年轻。这就是为何女性化妆会使用粉底或遮瑕之类的产品，这类产品可以遮盖皮肤上的瑕疵，使肤色更均匀，增加吸引力。

研究面部肤色对面孔吸引力的影响的研究使用 CIELab 颜色空间，对颜色在红色（a*）、黄色（b*）和亮度（L*）三个维度上进行测量。研究发现，增加面部皮肤的亮度、黄色和红色都能让面孔看上去更健康、好看（Coetzee et al.，2012；Stephen，Law Smith，et al.，2009；Stephen et al.，2011；Whitehead et al.，2012；Re et al.，2011；Stephen，Coetzee，et al.，2009；Stephen et al.，2012）。

面孔肤色的红色被认为与血液的含氧量有关，由此，正常范围内肤色较红被认为代表心血管的健康（Stephen，Coetzee，et al.，2009）。也有研究者认为，女性的雌二醇（estradiol，一种雌性激素）和皮肤的红色相关（Jones et al.，2015）。女性性激素水平有周期性变化，而雌二醇的升高与女性受孕率的增加有关，女性面部红润就可能标志着女性的生育能力，红润的皮肤因而更受青睐。

面部肤色的黄色则被认为与类胡萝卜素的摄入有关，标志着蔬菜的摄入量（Stephen et al.，2011；Whitehead et al.，2012；Perrett et al.，2020）。研究者发现，摄入大量的蔬菜和水果可以增加血液中的类胡萝卜素，使得皮肤变得更黄（Coetzee & Perrett，2014），也让面孔看起来更健康，更具有吸引力（Stephen et al.，2011；Lefevre & Perrett，2015）。

看到这里，不知道你是否与我一样，对这一研究结果感到疑惑。上述研究大多是在西方社会中使用白人作为被试，使用白人面孔图片作为研究材料，其结果似乎与中国人的常识相背。中文中有“面黄肌瘦”“面呈菜色”等词语，生活常识也告诉我们，我们并不喜欢偏黄的肤色。我在读博士期间参与了一个面孔肤色偏好的跨文化研究，以验证心中的猜测。结果发现，与西方人相反，中国人认为肤色偏黄的面孔更不健康，也更不好看（Han，Wang，et al.，2018）。我们对这一结果的解读是，摄入大量蔬菜、水果对本是游牧民族的高加索人（白色人种）来说，可能确实标志着更健康的饮食，而对农耕文化的中国人来说，蛋白质的摄入，而不是蔬菜、水果的摄入，才标志着健康状况。这一结果也从侧面说明，对外表吸引力的判断存在文化差异。

## 什么时候外貌不那么重要？

大量心理学研究在一个观点上达成一致，即外貌在择偶中发挥重要作用。但外貌相对固定，不能随意改变，难道外貌不佳的人就无法寻找到满意的伴侣了吗？答案当然是否定的。在某些时候，外貌会变得不那么重要。

### 性别差异

男性和女性对外貌的重视程度存在差异。大量研究表明，相比女性，男性在择偶时更看重外貌。进化心理学家巴斯对 37 种文化背景下的人进行择偶偏好的调查，发现虽然男性和女性都将外表吸引力列为择偶中重要的一点，但偏好程度普遍存在性别差异，并且这种性别差异在多种文化中都存在，具有跨文化一致性。也就是说，无论文化背景如何，男性普遍更看重外貌。

进化心理学认为，这种差异是由男性和女性的生理差异导致的，因而具有跨文化一致性。男性和女性选择伴侣的最终目标都是繁衍更健康的后代，提高繁衍成功率，寻找具有强大生育能力的伴侣就会非常重要。女性的生育能力随着年龄下降的速度明显快于男性，男性因而更看重与生育能力相关的线索，外貌就是重要线索，尤其是与年轻相关的外貌线索，如光滑的皮肤、匀称的身材等。社会心理学则认为这种差异是由社会文化导致的。在大多数社会文化中，人们都更重视女性的外貌，更看重男性的能力、财富、资源。受社会文化的影响，男性与女性更看重的东西才存在差异。

**匹配假设**

人们喜欢貌美的人，但喜欢不一定意味着选择。选择伴侣是双向选择的过程，挑选明显比自己貌美的人，就意味着更可能被拒绝。为了避免被拒，也为了增加恋爱的成功概率，人们倾向于选择与自己外貌旗鼓相当的人。

很多研究都证实人们选择伴侣时存在匹配现象。美国耶鲁大学的范戈尔德（Alan Feingold）1988 年在《心理学公报》（*Psychological Bulletin*）上发表了一项研究，他对 34 个相关研究的数据做了梳理，发现情侣的外貌吸引力具有很高的一致性。来自美国加州伯克利大学的研究者林赛・肖・泰勒（Lindsay Shaw Taylor）、菲奥里、门德尔松（G. A. Mendelsohn）和切希尔（Coye Cheshire）使用在线交友网站的数据，也验证了这一现象。在在线交友网站上，人们会倾向于联系比自己好看的人，但真正形成对话、有来有往地聊天的更可能是外貌相当的人。同时，在众人中也更容易得到与自己外貌相当的人的回应。也就是说，无论是主动还是被动，最终人们受限于自己的颜值，基本都选择与自己同一水平的人。

当然，人们匹配的不仅仅是外貌，还可能包括其他方面，如教育背景、智力水平等。最终，更可能形成一种总体匹配。进化心理学用配偶价值来衡量一个人作为配偶的受欢迎程度。如果某个人不够貌美，就可以在其他方面补偿外貌的不足；其他方面特别出众时，即使长得不那么好看，配偶价值也会较高。这就是为什么年轻、貌美的女性会选择富有、相貌平平的男性作为伴侣，富有可以弥补外貌的不足，依旧符合匹配假设，达到总体的配偶价值的匹配。

**当人们熟悉之后**

什么情况下，外表吸引力不那么重要了呢？

一项 2015 年发表于《心理科学》(*Psychological Science*）的研究发现，当夫妻或情侣在成为恋人之前就已经熟识时，外表吸引力就变得没那么重要了。在这个研究中，研究者亨特（Lucy L. Hunt）、伊斯特威克和芬克尔调查了 167 对情侣，这些情侣中有 100 对已经结为夫妇，67 对处于恋爱中。他们请这些情侣介绍自己的恋爱经历，用录像记录了相关谈话。随后，邀请另外一些参与者评价这些情侣的外貌。他们发现，情侣在恋爱之前认识的时间越长，其外貌吸引力相似的程度就越低。在恋爱之前就已经是朋友的情侣，其外貌吸引力很可能并不匹配；而认识一个月就开始约会的情侣，其外貌吸引力更相似。研究结果也发现，外貌是否匹配并不影响恋爱关系，不会增加或减少恋爱中的幸福感。

这样看来，在恋爱之前就已经是朋友的情侣有更多机会了解外貌之外的其他方面，如性格、能力，形成一个更立体、丰富的印象。在由朋友发展为情侣的过程中，这些可能超过外貌，对建立恋爱关系起重要作用。对于刚刚相识就发展恋爱关系的情侣，外貌是一个重要的特征，因为短时间内人们无法对性格、能力等其他方面作出准确的判断，此时更依赖外貌作出选择。与自己外貌不匹配的人，即使能力再强，性格再好，也可能因为没有继续相处的机会而失之交臂。

这一现象与很多择偶选择模型的观点一致。例如，在美国心理学家杰弗里・F. 米勒（Geoffrey F. Miller）和托德（Peter M. Todd）提出的序列愿望水平模型（sequential aspiration-level model）中，人们按照时间顺序，从左到右分别评估择偶对象的不同特质，每个特质都有一个愿望水平，就像一个个障碍物（见图 3.6）。评估对象如果在这个特质上超过愿望水平，就进入下一步，而如果没有达到这个标准，就终止。这些特质按照难易程度从左到右排列，左边第一个是外表吸引力，在人们第一次见面时就能非常容易且快速地作出评估，如果满足

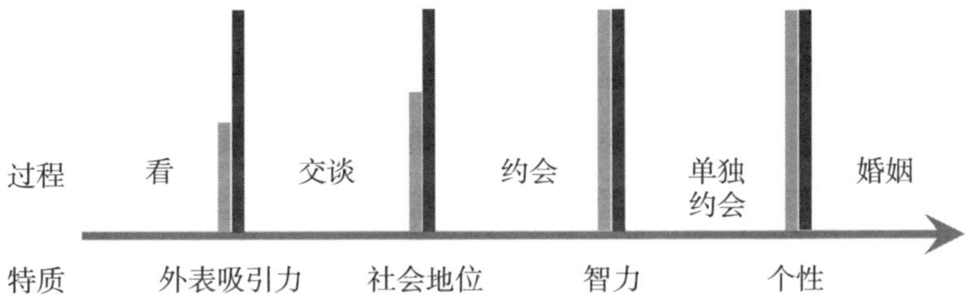


图 3.6　选择伴侣时的序列抱负水平模型
（来源：Miller & Todd，1998）

标准，就继续评估其社会地位；如果不满足标准，可能就此结束。

人们从朋友开始交往时，往往不会在外表吸引力上有较高的要求（如图中的灰色柱），因而可以继续发展，评估其社会地位、智力、个性等。但当人们将某个人视为潜在恋爱对象时，往往第一步就是评估其外表吸引力，且常有较高的要求（如图中的黑色柱），故常常止步于此。

# 第四章

# 男女有别：择偶偏好的性别差异

在没有恋爱前，想象自己的理想伴侣时，我们常会幻想一个完美的恋人。尽管每个人对完美的定义有所不同，但大多数男性和女性心目中的完美恋人常常雷同。心理学家对此很感兴趣，想探寻男性与女性为什么会各自形成广泛认同、具有普遍性的理想伴侣。有意思的是，男性和女性的标准大为不同。例如，对于恋人的身材，男性更喜欢婀娜多姿的曲线美，女性更喜欢强壮有力的雄性美。还有年龄、经济条件等，都是选择伴侣时的重要考虑因素，男性和女性出现很大的选择差异。

现实生活中的人不可能是完美的，选择恋爱对象或伴侣时，我们心中的完美形象需要打点“折扣”。我们总要权衡不同特质，先满足最重要的要求，舍弃一些不那么重要的要求。在多方面权衡时，就能显现出我们对不同要求的重视程度。我们会如何抉择？最后，将讨论一个有趣的话题——“男人不爱，女人不爱”，暗黑人格具有特殊魅力吗？

## 腰臀比与女性吸引力

美丽的面容当然能吸引我们大部分注意力，但身体也传达了一部分重要信息。男性和女性对异性伴侣的身材的偏好并不相同。

### 以瘦为美？

如今我们接触到的流行文化和大众传媒常常传达女性以瘦为美的观点。网络、电视、杂志上的女性通常都身材苗条、纤细，无论是明星还是普通人，都争相晒出自己的“A4 腰”“少女腰”“马甲线”。身材焦虑带来不少负面影响，年轻女性常常对自己的身材不满意，而男性少有此类困扰。

早在 30 多年前，来自美国宾夕法尼亚大学的心理学家罗赞（Paul Rozin）就研究了美国男性和女性对身材的偏好。他发现女性心目中的理想身材要比男性心目中女性的理想身材瘦得多，女性也因此对体重和进食有更多的焦虑，更容易产生进食障碍。2010 年，以斯瓦米（Viren Swami）为首的研究者对全球 26 个国家女性的身材满意度进行了调查，仍然发现女性对身材的不满意以及对瘦的渴望是一个普遍问题。研究者认为，媒体对身材焦虑的传播要负一定责任。

**腰臀比与健康**

我们对瘦的追求是受主流文化的影响，“以瘦为美”并不具有普适性，世界上仍然有很多地方，历史长河中也有很多时代，并不崇尚瘦。心理学家辛格（Devendra Singh）认为，虽然男性对胖瘦的偏好可能有所不同，但他们对女性的腰臀比（waist-to-hip ratio）的偏好具有普世性，这种身材偏好也具有重要的进化意义。

根据辛格的理论，身体的脂肪分布是有性别差异的。男性和女性的身体脂肪分布在婴儿期、儿童期和老年期都是相似的，只有在青春期和中年期存在明显不同，这是因为身体脂肪分布受性激素的影响。从青春期开始，性激素在身体内激增，促进第二性征的发育。身体肌肉和脂肪分布的不同，也是两性差异的一种体现。男性体内雄性激素睾酮激增，刺激男性腹部脂肪堆积并抑制下半身的脂肪堆积；而女性体内雌激素雌二醇激增，抑制女性的腹部脂肪堆积，使脂肪更多地储存于臀部和大腿上部。因此，在青春期之前，男性和女性的腰臀比是相似的，没有差异。青春期之后，女性的腰部变细，臀部堆积脂肪，使得女性的腰臀比比男性的更低。健康的绝经期之前（也就是具有生育能力）的女性的腰臀比通常为 0.67—0.80，而健康男性的腰臀比通常为 0.85—0.95。

腰臀比是女性健康和生育能力的一个有效标志。研究者发现，腰臀比和生育能力存在相关。已婚的女性腰臀比越高，越不容易怀孕；腰臀比较高的女性的第一个孩子出生的时间也通常较晚（Kaye et al., 1990）。这一现象可能与女性体内的性激素有关，雌二醇越高，腰臀比就越低；而睾酮越高，腰臀比就越低。例如，患有多囊卵巢综合征的女性体内的睾酮水平较高，其腰臀比也比健康女性更高。

腰臀比低也是女性健康的标志。腰臀比较高与许多健康问题相关，如心血管疾病、糖尿病、中风等（Singh，1993；孙飙，等，2002）。不过，这些证据大多基于年纪较大的女性，腰臀比较高说明身体较肥胖，而肥胖可以导致以上健康问题。

### 腰臀比与女性吸引力

辛格的研究发现，腰臀比是女性吸引力的一个重要影响因素。在研究中，辛格给男性参与者呈现了不同体重（过瘦、正常、超重）下腰臀比不同（0.7、0.8、0.9、1.0）的女性的图片，并让他们按照吸引力对图片排序。结果发现，男性参与者觉得体重正常、腰臀比最低（0.7）的女性吸引力最强。但在体重相同的情况下，腰臀比越低，吸引力越强。也就是说，无论体重是否超重，只要腰臀比低，就比腰臀比高的女性更有吸引力。大量研究都验证了这一点，虽然腰臀比和年龄、身体体重指数存在一定相关，但它比其他指标更能预测吸引力。

辛格从进化的角度解释男性对腰臀比的偏好。外表吸引力是女性生育能力的体现，但生育能力和吸引力之间的关系并不是外显的：男性在选择伴侣时并不会主观上选择生育能力强的女性，但他们会偏爱某一类女性，而这类女性恰好具有较强的生育能力。男性偏爱腰臀比较低的女性正是因为它是生育能力强有力的指标。另一种解释是，较低的腰臀比不仅标志着生育能力，还能说明女性目前没有怀孕或从未怀孕过，这标志着她可能是潜在的恋爱对象。

在辛格的研究中，男性认为腰臀比为 0.7 时吸引力最强，许多研究都验证了该结果（Kościński，2014；Streeter，2003）。如果从进化的角度作出解释是对的，男性对这种腰臀比的偏好就应该具有跨文化的普世性，因为这种偏好根源于生理基础。研究者博韦（Jeanne Bovet）和雷蒙德（Michael Raymond）做了一个有趣的研究来回答这一问题。他们测量了西方艺术品中经典女性形象的腰臀比，这些经典女性形象代表着美丽和理想女性形象（如古希腊神话中的爱与美之神阿佛洛狄忒和罗马神话中的女神维纳斯）。这些艺术品的时间跨度很广，从公元前 500 年到 21 世纪。他们还测量了 1920—2014 年《花花公子》上的模特和选美比赛的获胜者的腰臀比。

他们发现，从公元前 500 年到公元 400 年的近一千年时间中，艺术作品中女性理想的腰臀比保持恒定，平均腰臀比为 0.74。随后，从 15 世纪开始，理想的腰臀比开始下降，降至 21 世纪初期的 0.68。400—1400 年，由于基督教会禁止在艺术作品中描绘裸女，研究者无法判断理想腰臀比的下降从何时开始。对《花花公子》的模特和选美比赛获胜者的分析则发现，理想腰臀比在 1920—1960 年有所下降，随后回升，研究者对此有两种猜测：第一种猜测是，男性对女性

图 4.1 《维纳斯的诞生》中的经典女性形象与研究中使用的其他女性形象
（来源：Bovet & Raymond，2015）

腰臀比的偏好会根据女性总体的腰臀比调整，而西方女性平均腰臀比近期有所上升；第二种猜测与社会的不平等现象有关，因为美国的社会不平等变化趋势与腰臀比偏好的变化趋势类似，也在 20 世纪初期逐渐下降，从 70 年代开始逐渐上升。不过研究者未提及为何这两者之间有如此关联。

## 腰胸比与男性吸引力

不同于男性对曼妙身姿的偏爱，女性更喜欢强壮的男性，喜欢坚实的臂膀、高大的身躯带来的安全感。

研究者发现，人们认为男性上半身是V形身材，吸引力会较高。来自英国纽卡斯尔大学的心理学家迈西（D. S. Maisey）等人1999年在《柳叶刀》(*Lancet*）上发表了一篇文章，使用腰胸比（waist-to-chest ratio）作为男性吸引力的重要指标。他们邀请女性评价男性的身体吸引力，使用了身体的不同指标，包括体重指数、腰臀比和腰胸比。他们发现，腰胸比对男性身体吸引力的预测力最强。男性的腰胸比越低，吸引力就越强。也就是说，女性更喜欢倒三角形的男性身材，即拥有宽阔的肩膀和较窄的腰部。体重指数的影响较小，成倒U形关系：体重指数适中时，男性的吸引力最强，但体重指数对男性吸引力的影响远小于它对女性吸引力的影响。腰臀比虽然能很好地预测女性的吸引力，却不能预测男性的吸引力。

研究者从不同的角度解释女性的这种偏好（Coy et al.，2014）。首先，男性腰胸比低是身体健康的线索。强壮的肩膀说明上身肌肉强壮，较窄的腰部说明腰部脂肪堆积较少。男性体内脂肪更容易在腰部堆积，相比腰胸比高的男性，腰胸比低的男性身体状况更好。其次，倒三角形身材让男性看起来更强势，更具有男性气质，女性会认为这类男性更性感。男性化特质突出，如肌肉强壮、骨骼发达和棱角分明，也是良好基因的体现。最后，在女性眼中，腰胸比低的男性更具有保护伴侣的能力。宽阔的肩膀所代表的力量和能力，使这类男性更有可能获得资源和地位（特别是在远古时代），也更有能力保护伴侣。

有意思的是，就像网络和媒体在女性身材焦虑中起到的作用一样，它们同样影响对男性身材的审美。近几十年来，媒体中出现的男性形象也越来越男性化，腰胸比越来越低（Hargreaves & Tiggemann，

2009）。对倒三角形身材的偏好似乎受到西方主流媒体和文化的影响，在发达地区（如马来西亚的大城市），人们对此类身材的偏好更明显，而在不发达的地区（如马来西亚的农村地区），人们的这种偏好没那么明显。

不过，上述所有研究都不是在中国开展的，中国男性和女性对异性身材的偏好是否同样受西方文化的影响，与上述研究结论是否一致，还有待进一步探究。一般来说，对女性的女性化特质的偏好的跨文化一致性更高，而对男性的男性化特质的偏好存在更大差异。

## 年龄

择偶时，年龄无疑是一个很重要的考量因素。虽然夫妻年龄相差较大的例子已经屡见不鲜，但生活中更常见的还是年龄相仿的夫妻或情侣。我们常说，在真爱面前，年龄不是问题。但人们在选择伴侣时，心中都有一个理想的或可接受的年龄差。

进化心理学家巴斯在 20 世纪 80 年代做了一个大范围择偶偏好调查，其结果于 1989 年发表在《行为与脑科学》（*Behavioral and Brain Sciences*）上。为了调查不同社会文化下人们的择偶偏好是否存在差异，他调查的对象遍及六大洲和五个岛屿，涵盖来自 33 个国家（包括中国）的 37 种文化背景下的人。他询问了受访者的年龄、性别，以及希望结婚的年龄、自己与伴侣的理想年龄差等。结果发现，男性和女性希望的理想年龄差存在显著差异。与我们的常识一致，男性希望伴侣年龄比自己小，而女性希望伴侣年龄比自己大。这种性别差异在所调查的 37 种文化中都存在，无论地理位置和文化背景有何种差异。受访的男性心中的理想结婚年龄平均为 27.49 岁，与伴侣的理想年龄差为 2.66 岁，这就是说，他们希望与 24.83 岁的女性结婚；受访的女性心中的理想结婚年龄平均为 25.39 岁，与伴侣的理想年龄差为 3.42 岁，因此，她们希望与 28.81 岁的男性结婚。在所有受访者中，来自尼日利亚和赞比亚的男性受访者的理想年龄差最大，分别是 6.45 岁和 7.38 岁，而这两个国家正好是国家样本中仅有的两个一夫多妻制的国家。

三十多年后，巴斯和其他研究者重复了这个大规模调查，这次调查对象涵盖 45 个国家，由沃尔特（Kathryn V. Walter）领衔，其结果于 2020 年发表在《心理科学》上。在 1989 年的调查中，研究者询问了受访者心中与伴侣的理想年龄差，而未询问真实年龄差。在 2020 年的调查中，研究者询问了受访者及其伴侣的真实年龄。他们发现，在已婚或有伴侣的受访者中，男性受访者的伴侣的年龄普遍比自己小（平均为 2.26 岁），而女性受访者的伴侣的年龄普遍比自己大（平均为 2.43 岁）。有趣的是，随着男性受访者年龄的增加，其与伴侣的年龄差也增加了，但女性受访者的年龄并不影响其与伴侣的年龄差。

以上两个调查的结果与我们的常识保持一致，在线约会网站的数据也验证了这一现象。美国在线约会网站“咖啡遇上贝果”（Coffee Meets Bagel）分析了该网站的数据，发现男性喜欢比自己年轻的异性（Kang & Kang，2018）；随着年龄的增长，他们喜欢的女性与自己的年龄差距越来越大。这应验了网络上的那句戏谑之语：“不要说男人花心，男人其实很专一，因为不管是年轻男人还是年老的男人，都喜欢 20 多岁的女人。”对女性来说，她们始终喜欢与自己年龄相仿或比自己稍大的男性。

进化心理学家认为，这一现象源于男性和女性的生理差异。女性的生殖能力在 25 岁左右达到顶峰，随后随着年龄的增长逐渐下降，35 岁之后下降速度加快（Gruhn et al.，2019）。男性的生育周期长于女性，有研究者认为，男性到 55 岁后生育能力才逐渐减弱。因此，男性偏好生育能力强的女性，也就是年轻女性；女性则对年龄的限制更少，可能出于其他原因，如资源丰富或性格成熟等原因而选择伴侣。这一观点得到 1989 年调查结果的支持。首先，无论文化背景是否一致，人们都表现出一致的性别差异。这说明这一现象可能是由生理原因，而非社会文化引发的。其次，巴斯认为，在受访者心中，最理想的女性结婚年龄为 24.83 岁，这一年龄正好处于女性生育能力的最高峰，这种吻合说明男性对女性年龄的偏好与生育能力相关。

女性偏爱比自己年龄稍长一些的男性并非出于对生育能力的考量。一般而言，随着年龄一起增长的还有经济收入和社会地位。进化心理学认为，由于女性在生育过程中投入较大（如怀孕和哺乳），寻找能为自己和后代提供丰富资源的伴侣更有助于抚养后代。同时，年长的男性可能更成熟，情绪更稳定，更能成为女性的精神依靠。但女性偏爱的男性年龄并不是无限大，在上述研究中，女性普遍偏爱的男性年龄是比自己大 2—3 岁。这可能是因为，如果男性年龄过大，就存在较大的死亡风险，无法持续地提供资源和保护后代。近年来也有研究表明，男性的精子质量在 30 岁时达到高峰，35 岁后逐渐下降。女性在选择伴侣时，需要在男性年长的好处（收入较高，地位较高，较成熟）和坏处（生育能力可能降低）之间权衡。对于大多数女性，权衡的结果是选择比自己年龄稍大一点的男性。

一些社会心理学家则认为，男性和女性在年龄偏好上的差异受社会文化的影响。绝大多数社会文化赋予男性和女性的社会角色不同，才会更强调女性的外貌和男性的能力、社会地位。依据这一观点，在社会性别平等时，男女在年龄偏好上的差异就会减少乃至消失。如果按照进化心理学的观点，年龄偏好的差异源于生理差异，社会性别平等与否不会影响年龄偏好。沃尔特等人 2020 年的研究检验了社会性别平等和年龄偏好的关系。他们使用性别发展指数（gender-related development index，GDI）、性别权利测量（gender empowerment measure，GEM）、全球性别差距（global gender gap index，GGGI）、性别不平等指数（gender inequality index，GII）等作为标志性别不平等的指标，发现性别平等可以预测长期伴侣的年龄差异。无论是男性还是女性，他们所处社会的性别平等水平越高，他们与伴侣的年龄差就越小。这一结果支持了年龄偏好受社会文化影响的观点。

虽然对于男性和女性的择偶年龄偏好，进化心理学和社会心理学有不同的解释，但它们不一定矛盾。这种偏好可能既受生理差异的影响，也受社会文化的影响。

## 金钱

在著名的上海人民广场“相亲角”，父母为了帮助儿女找到伴侣，曾经将子女的征婚启事挂在一把把撑开的伞上，供来往的人驻足浏览，希望为子女寻觅一份姻缘。在征婚启事上，除了性别、年龄、身高等基本信息外，很多人还加上了房产和年薪，希望这些信息能增加相亲的成功率。在上海这座城市，房价持续走高，大部分年轻人很难通过自己的工作收入购买房产，拥有一套理想的住宅无疑将大大提高生活质量，也相应地大大降低经济压力，房产情况才因而出现在征婚启事中。

在选择伴侣时，经济收入确实是潜在的影响因素。纪录片《性别的秘密》做了这样一个有趣的现场研究：一位单身男士穿着普通（T恤和牛仔裤），节目主持人邀请路过的年轻女性评价这位男士的吸引力，她们都打出很低的分数。第二次还是这位男士，但穿着有所改变，造型师给他打造了一个有钱人的造型，西装革履，还戴了墨镜。不出意料，这次路过的女性给他的打分比第一次高得多。这个现场研究发生在英国，但这样的现象不仅限于英国。在美国洛杉矶，研究者也做了类似实验。在男士穿着普通，开普通车时，女士们觉得他吸引力很低。但同样的人换了一副打扮，穿上考究的衣服，开着豪车出现时，女士们纷纷给出高分。

大量心理学研究也发现，女性在选择伴侣时更看重经济收入和与地位相关的线索，特别是在选择长期伴侣（长期恋爱对象或结婚对象）时。我们使用择偶预算分配任务来探究年轻男女在选择伴侣时，如何在不同的特质之间权衡（Zhang et al.，2019）。在这个任务中，一共有五个重要的特质，分别是社会地位（如良好的经济资源）、外表吸引力、善良、活泼、创造力。我们让参与者假设自己正在选择长期伴侣，需要将 100 美元分配到这五个特质上。如果他认为某种特质特别重要，可以在这个特质上分配更多的钱，相应地，其他特质得到的钱就变少了。我们招募华东师范大学的在校学生填写这个问卷，结果如图 4.2 所示。可以看到，女性在社会地位上分配的金额最多（27.19），超过分配给外表吸引力的金额（19.52）；男性虽然也在社会地位上分配了一定的金额（17.71），但它远少于女性分配的金额以及分配给外表吸引力的金额（27.63）。

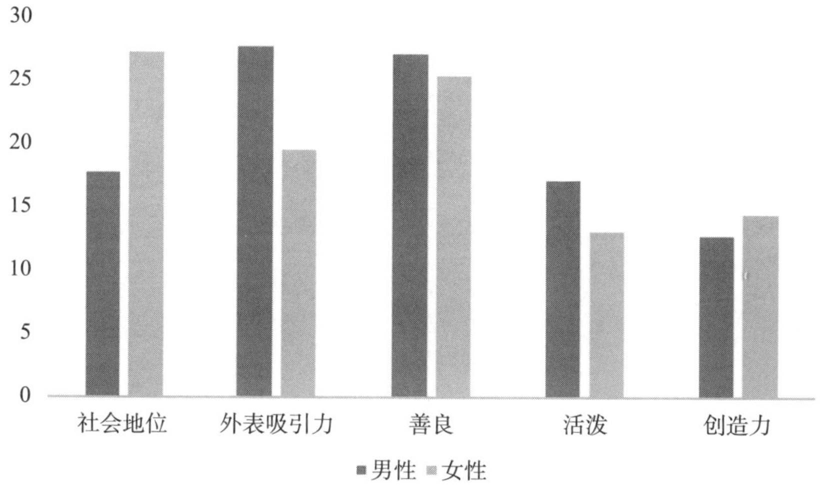


图 4.2　男性和女性的择偶偏好
（来源：Zhang et al.，2019）

这样的性别差异在全球都普遍存在。在巴斯 1989 年做的大范围择偶偏好调查中，除了西班牙（西班牙的男性和女性在这一点上也存在差异，但统计检验未达到显著水平），其余所有国家的女性都比男性更看重伴侣的良好经济前景。此外，女性也表现出对抱负和勤奋的重视。

为何在选择伴侣时，女性比男性更“拜金”？进化心理学用亲代投资理论解释这一现象。美国进化生物学家特里弗斯认为，在养育后代上付出更多的女性应该在择偶时表现得更挑剔，寻找有能力并愿意为自己和后代提供食物和保护的男性，男性提供的资源也是亲代投资的一种形式。

社会心理学用社会文化的影响来解释这一现象。在大多数文化中，事业成功、经济实力强的男性才是成功的男性，对女性的事业和收入则没有太高的要求。相应地，女性会寻找符合社会文化标准的成功男性。由沃尔特领衔的 2020 年的研究证明了社会文化影响的存在，人们所处的社会的性别平等水平越高，男性和女性在良好的经济前景这一维度上表现出的性别差异就越小（Walter et al.，2020）。

## 忠贞不渝

在漫长的历史长河中，要求女性贞节的观念几乎从未消失。它要求女性忠诚于丈夫，始终如一，对男性的要求则没有那么严格。秦始皇因巴清早年丧夫，终身守寡不再嫁，誉巴清为“贞妇”，以表彰其贞节，并为她修建了怀清台。虽然如此，自秦汉到宋朝的程朱理学发展起来之前，对妇女的贞节要求还没有那么严苛。鲁迅在《我之节烈观》中也说，“由汉至唐也并没有鼓吹节烈。直到宋朝，那一班‘业儒’的才说出‘饿死事小，失节事大’的话”。直到现代社会，女性的地位才得以提升，女性不再依附于男性，拥有作为独立个体的价值，不再根据贞洁定义女性。

随着社会的进步和发展，对女性贞节的强调正在逐渐减弱。一项美国的跟踪研究发现，20 世纪 30 年代以来，男性对女性贞节的重视程度不断下降。虽然在 80 年代末，男性仍然比女性更重视伴侣的贞节，但这一性别差异已经比 50 年前小得多（Buss，1989）。

男性比女性更在乎伴侣的贞节，这是一个存在于大多数社会文化中的普遍现象（Buss，1989）。进化心理学认为，其根源在于男性和女性的生理差异。抚养后代需要父母投入大量资源，所以在抚养后代之前，首先应该确保抚养的是自己的孩子。对女性来说，确定这一点并不困难：无论孩子的父亲是谁，母亲都知道自己怀胎十月生出来的就是自己的后代。男性就没法像女性一样，如此确认伴侣生的孩子就是自己的后代。

在自然界，雌性哺乳动物通常有明显的发情期，伴随明显的信号，用来吸引雄性动物。交配只发生在发情期内，此时雌性动物才能受孕。雄性想确保雌性孕育的是自己的孩子，只需要在短暂的发情期内确保雌性没有和其他雄性交配即可。但人类女性没有明显的标志“发情期”的信号，每个月都有怀孕机会，性交也不只发生在易受孕的时间段，所以人类的男性祖先无法仅通过守护女性的易受孕期而确定亲子关系。长期的伴侣关系由此形成，长期、稳定、排他性的伴侣关系能够保证一个女性和一个男性长期相处，从而更有效地确保亲子关系。男性在寻找伴侣时，也就更看重女性的贞节，婚前的贞节（结婚前未发生过性行为）可能与婚后的忠诚存在一定的相关。当然，并不是只有男性要求伴侣婚前忠贞，女性也有类似要求，只不过重视程度不及男性。女性要求伴侣贞洁可能源于资源分配，如果男性有其他性伴侣，就可能存在其他后代，他拥有的资源就会分配给他人。为了获得更多的资源和保护，女性也会有所要求。

与这一章中提到的其他因素一样，对贞节的要求必然受社会文化的影响。巴斯在 1989 年的大范围择偶偏好调查中，也调查了人们对婚前贞节的重视程度，其中包括中国的数据（Buss，1989）。20 世纪 80 年代，无论是男性还是女性，中国人都认为婚前贞节非常重要。在 0（无关或不重要）到 3（非常重要）的评分中，中国女性给出的分数居 37 个样本之首（平均分为 2.61），中国男性给出的分数也仅次于伊朗，位于前列（平均分为 2.61）。中国女性对婚前贞节的重视程度甚至超过男性（但差异未达到统计学的显著水平）。其他对婚前贞节非常重视的国家还包括印度、伊朗、印度尼西亚、巴基斯坦等。在瑞典、挪威、芬兰等国，人们认为婚前贞节并不重要。可以推测，女性的经济独立、社会福利制度的完善可能使女性不再依赖男性为后代提供资源和保护，婚前是否发生过性行为就不再是选择伴侣的重要考量。

## 暗黑人格的魅力

在爱情中，女人常常为“渣男”伤心，我们不禁想问，为什么“渣男”似乎颇受欢迎，总能轻而易举地找到女朋友？人们常说的“男人不坏，女人不爱”是真的吗？

### 黑暗三联征

心理学家用黑暗三联征（dark triad）来描述人格中阴暗的一面。黑暗三联征由三种人格组成，分别是权术主义（Machiavellianism）、自恋（narcissism）和精神变态（psychopathy）。

权术主义表现为冷酷无情，喜欢操纵别人，为了达到目的不择手段，具有权术主义人格的人会用欺骗或谎言、操纵和利用他人来达到自己的目的。自恋表现为以自我为中心、傲慢、爱慕虚荣、争名夺利，具有自恋人格的人希望获得他人的欣赏和关注，无法接受他人的批评。精神变态则表现为反社会、冷血、善于操纵、冲动和喜欢寻求刺激，具有精神变态人格的人往往在伤害别人之后缺乏悔意，冷酷无情，麻木不仁，不在乎道德准则。这三种人格互相关联，有所重叠，因此被统称为“黑暗三联征”。

虽然黑暗三联征是负面的人格特质，不受欢迎，但具有这类暗黑人格的人并不罕见。无论是过去还是现在，他们都广泛存在于各种社会中。在现代社会，许多备受吹捧的银幕形象都具有典型的暗黑人格，如大名鼎鼎的詹姆斯·邦德、蝙蝠侠、豪斯医生等。研究者甚至幽默地将相关研究戏称为“詹姆斯·邦德心理学”（Jonason et al., 2010），可见暗黑人格也并非一无是处，尤其是在恋爱方面。

**暗黑人格与吸引力**

研究发现，具有暗黑人格的人有更多的性伴侣，更偏好短期交友方式，不愿意发展长期、稳定的浪漫关系（Jonason et al., 2010）。自恋人格的人乐于与同性竞争，向同性炫耀自己的优势和资源，获取异性的好感。权术主义人格的人是机会主义者且善于操纵，很容易拥有短期关系（如一夜情）。暗黑人格还有一些共同的特征，如善于周旋，有良好的交际能力，保持良好的形象。进化心理学认为，这类人采取的短期择偶策略具有一定的适应性意义，虽然他们避免作出承诺，逃避长期、稳定的恋爱关系，但他们并不缺少短期伴侣，乐于寻求新刺激，喜新厌旧。

英国研究者克雷里·路易斯·卡特（Cregory Louis Carter）、坎贝尔（Anne C. Campbell）、芒瑟（Steven Muncer）调查了英国女性对暗黑人格的偏好。他们向女性参与者描述了一个男性形象，其中一半参与者听到一个具有暗黑人格的男性形象，而另一半参与者听到一个普通男性形象。随后，让这些参与者根据自己的印象评价这位男性的吸引力，并在大五人格上评分。

大五人格有五个维度，分别是神经质（neuroticism）、外向性（extroversion）、开放性（openness）、宜人性（agreeableness）、尽责性（conscientiousness）。神经质反映情绪稳定性，高神经质的人会体验到更多的负面情绪，情绪调节能力较差，而低神经质的人不太情绪化，较平静；外向性和内向性相对，外向的人喜欢与人接触，充满活力，喜欢引起别人的注意，内向的人则相对谨慎，不喜欢与外界有过多接触；开放性是指对陌生情境的容忍和探索，开放性高的人好奇、兴趣广泛，而开放性低的人更喜欢传统和常规，较保守；宜人性是指一个人喜欢与他人相处的程度，宜人性高的人是信任和关心他人、坦诚的，而宜人性低的人有点愤世嫉俗，防备心重，冷酷无情；尽责性反映一个人控制、管理和调节自身冲动的方式，尽责性高的人一丝不苟，理性且有条理，自律且谨慎，而尽责性低的人易冲动，做事无章法，漫不经心。

研究者发现，英国女性给具有暗黑人格的男性的宜人性、尽责性、神经质都评分较低，但外向性评分较高，在开放性上则与普通男性没有差异。同时，她们认为具有暗黑人格的男性更具吸引力。研究者认为，这一偏好可以部分被大五人格外在表现的差异解释，情绪稳定（低神经质）、较外向（高外向性）的人通常被认为更具魅力。女性在选择伴侣，特别是短期伴侣时，会被自信、爱冒险、冲动的男性吸引，而这恰巧符合暗黑人格的特质。

就算具有暗黑人格的男性颇具魅力，挑选恋人时女性会真的选择他们吗？心理学研究者尧克（Emanuel Jauk）等人在真实的择偶情景——闪电约会中探究暗黑人格对选择真实伴侣的影响。他们分别评估了参与者的黑暗三联征和大五人格特质，发现对女性择偶影响最大的是自恋人格。自恋的男性被女性认为更具有吸引力，更容易被选为恋人。这可能是因为自恋的男性看起来更外向，更健谈。自恋的女性虽然同样被认为更有吸引力，不过其原因可能是她们的外表吸引力较强。

暗黑人格的吸引力并非完全源于这类人格本身，而是源于其附带的一些表现，如外向、健谈，善于社交。就像人们喜欢詹姆斯·邦德并非源于他的冷酷无情，而是因为他既坚忍又冷静。

## 第五章

# 如何选择伴侣?

选择伴侣既是一个复杂的问题，又是一个影响人生轨迹的重要决策。人们此时是如何思考、下决定的？这是心理学家试图探究的难题。心理学研究已经为回答这一问题提供了一些思路，不过仍然离答案相距甚远。

## 理想 $\neq$ 现实？

人们在选择伴侣时，心中常有一个理想型男友或女友：既可能是高大、威猛的肌肉男，也可能是温文儒雅的翩翩君子；既可能是清纯、美丽的少女，也可能是英姿飒爽的“御姐”。心理学家也经常在研究中询问人们的择偶偏好，以推测其生活中真实的择偶行为。但人们真的会按照自己的理想型寻找伴侣吗？已经寻找到伴侣的人，他们的伴侣与心中的理想型有多相似呢？

来自美国印第安纳大学的心理学家托德等人做了一个有意思的研究，可以为回答这些问题提供一些启示，其研究结果 2007 年发表在《美国国家科学院院刊》(*Proceedings of the National Academy of Sciences of the United States of America*）上。托德等人招募了 21 名女性和 26 名男性，首先让他们完成一个在线问卷，调查其心中理想伴侣重要特质的理想水平和重视程度。例如，人们可能希望伴侣身体非常健康（理想水平），但对寻找一个身体的确非常健康的伴侣的重视程度为中等。研究者列出外表吸引力、目前的经济状况、未来的财务状况、社会地位、健康、是否想要小孩以及育儿能力等重要特质，请参与者针对这些特质自评。随后，这些参与者参与了一场闪电约会，与异性两两配对，进行简短的面对面交谈，时间到了（通常只有几分钟）就停止交谈，参与者各自给出自己的意向（愿意或不愿意交往）后，继续开始与下一个异性交谈，直到与在场所有异性都完成简短约会。约会结束后，互相有好感的（双方都同意交往）的参与者可以选择继续深入交往。

研究者发现，自评分数高的人对伴侣通常也有较高的要求。接下来，研究者探究了参与者的择偶偏好是否符合相似性原则，即当参与者在某一个特质上自评分数较高时，是否对未来伴侣在这方面也有较高要求。他们发现，参与者的择偶偏好大致上符合相似性原则，特别是女性参与者。对女性参与者来说，在家庭承诺、外表这些维度上，她们的自评很大程度上能预测她们在这些维度上对理想伴侣的要求（例如，认为自己有较强的家庭承诺的女性，也要求伴侣有较强的家庭承诺）。不过，女性在财富和地位上的自评并不能预测她们在这个维度上对理想伴侣的要求。男性参与者也表现出一定的对相似性的偏好，但没有女性那么明显。男性在诸如家庭承诺、财富和地位等维度上较遵循相似性原则，即自评分数高低能够预测他们对伴侣的要求。但也存在一些例外，如男性对财富和地位的自评能更好地预测他们对伴侣外貌的要求，而不是预测对伴侣的财富和地位的要求。

当然，最有趣的考察是参与者参加闪电约会时的真实选择。研究者比较了参与者在问卷上填写的择偶偏好和其在闪电约会中实际作出的选择，发现前者并不能很好地预测后者。对女性参与者来说，只有在外表这个维度上两者才存在相关；对男性参与者来说，两者不仅不存在相关，在外表、健康等维度上，择偶偏好甚至与真实的选择存在负相关。他们在表达择偶偏好时，或许觉得外表、健康没那么重要，但在真实生活中却选择了好看且健康的伴侣。总而言之，参与者口中的理想伴侣并不是他们的最终选择。

研究者进一步探究了参与者的自评和选择伴侣之间的关系。同样，他们发现了性别差异。对于女性参与者，她们自评的外表吸引力分数除了不能预测真实选择的伴侣的外表吸引力之外，几乎可以预测其在其余各个维度上的分数。也就是说，如果女性认为自己外貌颇佳，她们选择的伴侣在财富和地位、家庭承诺、健康等维度上得分都较高。女性似乎是以自评的外表吸引力为标准，挑选未来的伴侣。有趣的是，男性对伴侣的选择与其自评没有任何关系。无论他们对自己有何评价，他们都会根据女性的外表吸引力作出选择。相比女性，男性在选择伴侣时表现得更不挑剔。也就是说，男性在闪电约会中向更多的异性表达愿意交往的意向。研究者认为，男性的交往策略是向所有外表吸引力超过某一阈值的女性提出交往请求，无论自己能否与对方匹配。

这就告诉我们，人们不一定按照自己所说的标准选择伴侣，人们的理想伴侣也不一定与实际选择的伴侣相似。选择伴侣是一个非常复杂的决策问题，因为人们不仅仅选择伴侣，还需要被伴侣选择。双向选择使人们的选择标准不一定能真正满足，于是男性使用“广撒网”的策略，希望在自己可选择的范围内找到最佳伴侣。

来自英国格拉斯哥大学的温琴西亚克（Joanna Wincenciak）等研究者从另一个角度探究择偶偏好和选择伴侣的关系。他们招募了51对情侣参与研究，通过探究情侣们的择偶偏好与真实择偶情况，推测两者的关系。在实验中，他们测量了情侣们对面孔健康程度的偏好，并让另外一组参与者对这些情侣的面孔作出健康程度的评分。研究发现，对于吸引力高的女性参与者，她们对健康程度的偏好与其伴侣面孔健康程度的评分存在更高的相关。也就是说，相比吸引力较低的女性，吸引力高的女性的伴侣更符合其择偶偏好。研究者认为，这是因为吸引力较高的女性拥有更大选择权，有能力将偏好转化为选择。但是对于男性参与者，他们的吸引力高低并不影响其对健康程度的偏好和其伴侣的面孔健康程度。研究者认为，这一结果符合进化心理学的理论——外表吸引力对于女性更重要。对于男性，与资源相关的特质更重要，外表吸引力高的男性并没有太大优势。

总而言之，人们不一定按照自己的理想型寻找伴侣。无论男性声称自己多不在乎外貌，实际生活中仍然主要按照外貌挑选伴侣。已经寻找到伴侣的人，他们的伴侣与理想型有多相似呢？视情况而定。有些人在选择伴侣时有更大的选择权，因而寻找到的伴侣与理想型很相似；对于另一些人，他们的理想型可能并不青睐他们，他们就需要向现实妥协。

## 选择伴侣的策略

现实生活中，人们选择伴侣时有时似乎是一瞬间的决定，有时又会长时间犹豫不决，苦苦思量。一瞬间就定下来的选择看起来不那么理性，但有些心理学家不同意这样的观点。当一个选择涉及的内容过于复杂，我们很难逐一权衡所有利弊时，就可能采用启发式决策方法，只考虑一两个重要维度，忽略大部分信息，以便快速判断。这样的选择也许会违背经济学中的理性原则，但更实用、有效，因而也更具有生态理性（ecological rationality）。当我们选择伴侣时，也应该考虑现实生活中更复杂的环境和社会情境，采用不同的择偶策略，使我们的选择能够适应环境和社会的变化。

我们生活在特定的社会环境中，受此影响，男性和女性选择伴侣的标准有所不同。虽然无论是男性还是女性，都喜欢长得好看、经济情况好一点的异性，但在外貌和经济状况这两个维度上，男性和女性分配的权重是不一样的。之前我们使用“择偶预算分配任务”来探究年轻男女在选择伴侣时如何在不同的特质之间权衡（Zhang et al.，2019），发现男性更看重外表吸引力，而女性更看重社会地位，这一差异在不同的社会文化中都存在。

同一个人在不同的情境中也会采用不同的择偶策略，其中一个重要不同体现在选择短期伴侣（如性伴侣）和长期伴侣（结婚对象）时：选择长期伴侣时，我们会投入更多的时间、金钱、精力和其他资源，也愿意对长期伴侣有一定承诺；但在选择短期伴侣时，我们一般不会作出承诺，还可能与多个短期伴侣建立短暂关系。这一点也具有性别差异，例如，在选择短期伴侣时，两性在外表吸引力上分配金额的差异会减小（图 5.1）。也就是说，此时男性的社会地位带来的影响变小，女性也会更看重外貌，而不是更看重社会地位（图 5.2）。

两性在抚养后代上投入的巨大差异，使得男性更愿意寻找短期伴侣，而女性更愿意寻找长期伴侣。当男性没有机会选择短期伴侣时，才会选择长期伴侣（Schmitt et al.，2003）。不过，这类选择也受社会环境的影响。

一个人所处的环境中处于结婚年龄的男女性别比的不同，也会左右择偶策略。群体中处于结婚年龄的男性和女性的性别比通常接近

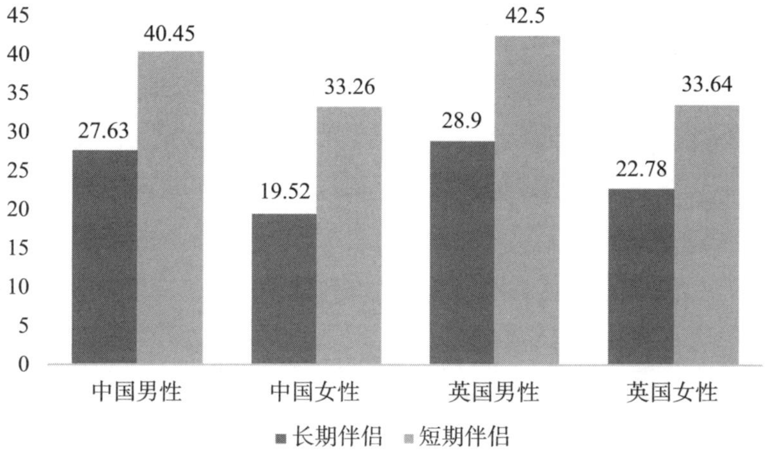


图 5.1　预算分配任务中分配给外表吸引力的金额

（来源：Zhang et al.，2019）

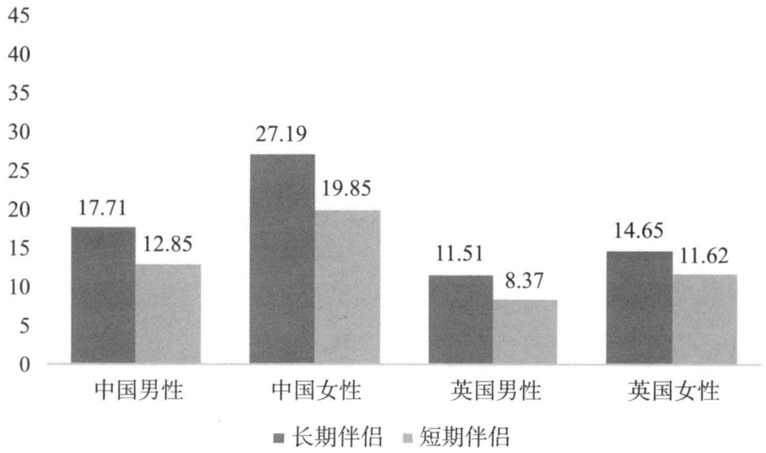


图 5.2　预算分配任务中分配给社会地位的金额

（来源：Zhang et al.，2019）

1:1。如果这一性别比不是 1:1，就存在男女数量不平衡的问题。一般而言，人数较少的性别，由于总体人数较少，会有更高的伴侣价值，因而更受欢迎。相应地，人数较多的性别在选择伴侣时面临更多的竞争，因而更愿意妥协，以赢得更多的机会。在现实生活中，在处于结婚年龄的女性人数较多的地区，短期择偶策略更常见；而在处于结婚年龄的男性人数较多的地区，长期伴侣策略会更常见。

生活环境恶劣与否也会影响人们的择偶策略。如果生活环境非常恶劣，如出现食物短缺、战争、极端气候时，父母需要共同努力，为儿童提供照顾与资源，以改善儿童的生存情况，此时就更常采用长期择偶策略。所以，在卫生条件较差、婴儿和儿童死亡率较高的地区，长期伴侣关系更普遍。成为长期伴侣才能提供稳定的家庭环境，为儿童提供更安全、健康的生存环境。

## 我们选择伴侣时是理性的吗？

我们人生中面临很多选择。读书时选择什么专业，毕业时选择什么工作，以及选择什么样的人共度余生，都是影响我们一生的重大决策。当这些影响一生的选择放在我们面前时，我们通常都缺乏经验，不甚明了这些选择将给命运带来什么样的改变。这些选择不像去超市买一瓶牛奶，去咖啡店买杯咖啡，即使我们被促销诱惑、被新品吸引而买错、买贵了，也只会影响当下的感受，这些感受转眼就会被抛在脑后。

读书、工作、恋爱方面的选择给我们带来的影响自然比日常生活中一个个琐碎的选择大得多。理所当然，我们在重大选择上思考、权衡的时间也多得多。面对重大决定，我们能作出更好的选择吗？“好”这个词过于宽泛，心理学中常常用“理性”( rationality ) 作为衡量决策的指标，但它也常常有不同的标准。在决策领域的研究中，对于决策是否理性有一个重要标准——传递性 ( transitivity )。当人们面临多个选项时，就可能遇到是否符合传递性这个问题。

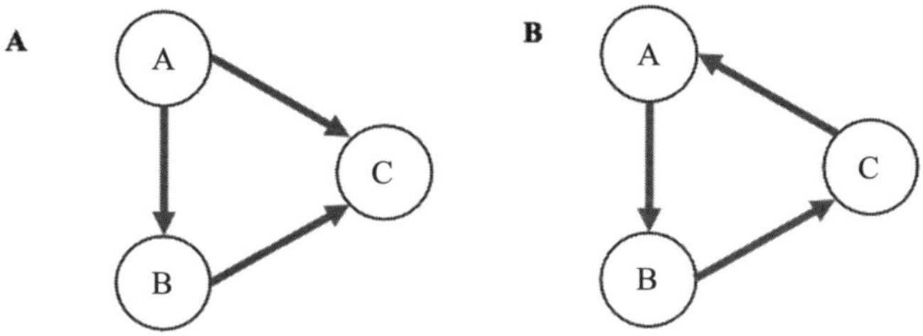


图 5.3　选择的传递性

例如，当你有三个选项时，如果在 A 和 B 中你更偏好 A，在 B 和 C 中你更偏好 B，那么如果在 A 和 C 中，你也偏好 A，就说明你的选择符合传递性法则 ( 见图 5.3A )。相反，如果最后在 A 和 C 中，你反而更偏好 C，就说明你的选择违背了传递性法则 ( 见图 5.3B )。

传递性看起来是一个很简单、理所当然的原则，但有意思的是，研究者在人们各个领域的决策中，都发现了不符合传递性原则的现象。认知心理学家特沃斯基 ( Amos Tversky ) 1969 年在《心理学评论》( *Psychological Review* ) 上发表了一篇论文，就提出一种决策策略可能违背传递性原则。想象这样一个情境：有三位候选人来应聘一个职位，你有这些候选人在能力和经验两个维度上的信息。假设你以这样的策略作选择：能力最重要，当候选人在这一维度上存在差别时，你将选择能力更强的；如果候选人在这个维度上差别不明显，你将根据第二个维度作选择，即选择经验更多的。这个决策策略看起来不错，却可能诱发不符合传递性原则的选择。

如表 5.1 所示，假设候选人在两个维度上的得分正好成反比（能力越强，经验越少）。比较候选人 1 和候选人 2、候选人 2 和候选人 3 时，首先在能力维度上作比较，候选人两两之间都只相差 1 分。假设你觉得 1 分这个差距不明显，不足以影响实际表现，就可以继续比较其经验，发现候选人 1 的经验分大于候选人 2，所以选择候选人 1（1 > 2），而候选人 2 和候选人 3 相比，候选人 2 的经验分大于候选人 3，所以选择候选人 2（2 > 3）。不过，当你比较候选人 1 和候选人 3 时，会发现候选人 3 的能力分比候选人 1 高 2 分，你觉得 2 分足以构成差距，因而选择了候选人 3（3 > 1）。这样，你选择了 1 > 2，2 > 3，但根据传递性原则，你本应该得到 1 > 3 的结果。

**表 5.1　候选人在能力和经验两个维度上的得分**

| | 能力 | 经验 |
|---|---|---|
| 候选人 1 | 80 | 85 |
| 候选人 2 | 81 | 82 |
| 候选人 3 | 82 | 79 |

在风险决策、消费决策等领域，人们的很多选择都不符合传递性原则，当人们选择伴侣时，会不会也出现这样的现象？还是说，在这样重大的选择上，人们会更谨慎、理性，不会出现违反传递性原则的选择呢？

2021 年我和合作者在《决策》（*Decision*）期刊上发表了一项研究，用一个实验探究人们在选择伴侣时会不会出现违反传递性原则的现象（Wang et al.，2021）。在实验中，大学生参与者在一系列成对出现的人物介绍中，选出自己更喜欢的人物（见图 5.4）。这些人物是虚拟的，包含一张面孔照片和年收入水平。通过计算模型的分析，我们发现，人们的选择绝大部分是符合传递性原则的。也就是说，我们的选择是理性的，至少符合理性准则中的重要一条——传递性原则。

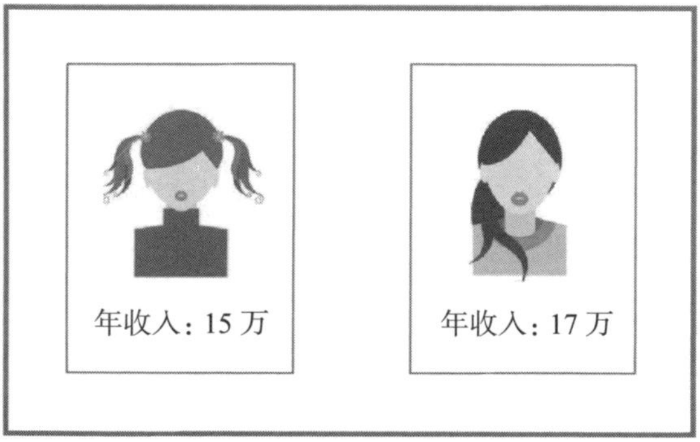


图 5.4　实验任务示意图

## 诱饵效应

在作选择时，我们总认为是我们自己在独立作出选择，但研究者发现了很多可以诱导我们选择某一个选项的小花招。日常生活中，我们也可能被商家使用的小花招所左右，作出商家想要我们作出的选择。

设想这样一个情境：你想购买一台打印机，经过一番调查，你发现有两款打印机符合你的要求，但这两款打印机各有优缺点。A 款打印机的购入价格比较高，但打印效果较好；B 款打印机的购入价格适中，但打印效果没有 A 好，不过仍然在你能接受的范围内。你在这两款打印机之间犹豫不决，此时，你刚好看到和 A 同品牌的另一款打印机 C，C 的价格和 A 相差不多，但打印质量不如 A。你之前在 A 和 B 之间犹豫不决，此时就可能因 C 的出现，开始向 A 款打印机倾斜。这种由于第三个诱饵选项的出现而改变原本偏好的现象，被称为“诱饵效应”（decoy effect）（Trueblood & Pettibone，2017）。

商家可以使用这些小伎俩诱导我们的购买行为，在选择伴侣时，我们也会因为另一个潜在对象的出现，重新考虑原本的选择吗?

发表在《科学》（*Science*）期刊上的一个有趣研究，就报告了这样一个在蟾蜍的择偶中出现的非理性现象，研究者李（Amanda M. Lea）和瑞恩（Michael J. Ryan）在实验室模拟了蟾蜍的择偶过程。与人类主要通过外貌的魅力吸引异性不同的是，蟾蜍主要通过叫声吸引异性。衡量雄性蟾蜍的声音有两个重要维度，一是静态声音的吸引力，二是动态的声音速度（call rate）。一般而言，雌性蟾蜍偏爱主频率低（静态特征）的快速（动态特征）叫声。两位研究者在雌性蟾蜍面前放上小音箱（见图 5.5），播放雄性蟾蜍的叫声，这些叫声在两个维度上有差异：维度 1 是静态声音的吸引力（频率不同），维度 2 是声音的速度（每秒叫几声）。其中，A 的静态吸引力中等，叫声速度也中等（2 秒 1 次）；B 的静态吸引力较低，但叫声速度较快（1 秒 1 次）。在 A 和 B 中，雌性蟾蜍更偏爱 B。但是当 C 出现，雌性蟾蜍的选择改变了。C 的静态吸引力与 A 差不多，但叫声速度比 A 更慢（4 秒一次），C 出现后，雌性蟾蜍就变得更喜欢 A 了。由此，研究者在蟾蜍身上诱发了择偶的诱饵效应。

图 5.5　实验情境：雌性蟾蜍在播放雄性蟾蜍叫声的音箱前
（来源：Lea & Ryan，2015）

你可能会想，蟾蜍毕竟是动物，人类选择伴侣当然要比动物的择偶更复杂。回想一下，你在选择交往对象时有没有犹豫不决的时候？你最后的决定有没有受与“第三者”比较的影响？

英国南安普敦大学的迪基德斯（Constantine Sedikides）教授及其团队研究了人类择偶时是否受其他选项的影响。他们让参与者看一系列人物介绍，在这些人物中选择一个自己喜欢的约会对象。他们发现，假设人物 A 颜值较高，但幽默感较差；人物 B 虽然颜值不高，但幽默风趣。这时，如果出现了人物 C，颜值也不错，但严肃、刻板，没有一点幽默细胞，就会让参与者的选择更偏向人物 A（Sedikides et al.，1999）。与蟾蜍一样，人类在选择伴侣时也会受无关信息的干扰。我们并不会选择的人物 C 的出现，实实在在地影响了我们的选择。

下一次，当你心仪之人对你的邀请犹豫不决时，不妨试试找一个比你“逊色”的朋友加入竞争，说不定就能让你的女神或男神对你青睐有加。

## 寻寻觅觅：如何找到最适合的人？

我们都希望找到美好的爱情。要找到美好的爱情，首先得找到理想的恋爱对象。如何找到“对的”人，就成为一个关键问题。我们一辈子会遇到很多人，也会和几个有缘分的人相处，但是如何知道眼前的这个人就是可以相伴一生的伴侣呢？我们会在经历多少次恋爱之后，才能遇到“对的”人？如果我们对现在的恋人挺满意，怎么知道下一个人会不会更好呢？

### 麦穗问题

据说早在两千多年前，苏格拉底（Socrates）的学生就曾向他求教，如何才能找到理想的伴侣。苏格拉底带领学生来到一片麦田前，说：“你们面前有片麦田。你要向前不回头地走，在途中要摘一支最大的麦穗，但只可以摘一次。”

这并不容易解决：如果麦穗摘得早，可能后面有很多更大的麦穗，错失机会；如果麦穗摘得晚，也可能在路过许多大麦穗后，发现剩下的都是小麦穗，最后空手而归。这个问题后来被研究者称为“最优停止”（optimal stopping）问题（Christian & Griffiths，2016；Miller & Todd，1998）。

数学家为我们提供了摘麦穗问题的最优解——37% 法则。走在麦田的前 37% 的路程中，我们什么都不摘，只观察麦穗的大小，对这块麦田中麦穗的大小有基本了解。走完前 37% 的路程后，就来到第二阶段，此时开始准备摘麦穗了——只要碰到比第一个阶段中观察到的最大的麦穗更大的麦穗，就要毫不犹豫地摘下它。使用这种策略，摘到麦田中最大麦穗的可能性最大。不过，即使如此，摘到最大麦穗的可能性也只有 37%。

## 开普勒的“相亲”

寻找伴侣的问题不仅困扰普通人，也令数学家头疼。著名天文学家、数学家开普勒（Johannes Kepler）的第一任妻子于 1611 年因霍乱丧生。此后，开普勒决定寻找一位新妻子。他的第一段婚姻是“包办”婚姻，虽然这段婚姻是幸福的，但在组建第二段婚姻时，开普勒还是决定自己选择伴侣。开普勒在随后写给友人的长信中详细描述了自己的选择过程和选择原因。这位科学家以严肃、严谨的态度对待选择伴侣这个难题，发现这个过程耗时耗力，花费了他近两年的时间。不过，在旁观者看来，这是一个令人忍俊不禁的故事。

朋友开始为他介绍女朋友，于是开普勒开始了漫长的“相亲”旅程。他写道，第一位女士，“有口臭”；第二位，有“昂贵的品位”；第三位，已经和另一个男人订婚了；第四位，终于看上去不错，“高个子，有运动员般的体格”，但开普勒并没有停止相亲；第五位，谦虚、节俭、勤奋，似乎赢得了他的心，但他还是犹豫了。因为犹豫了太久，第四位和第五位女士都不耐烦了，退出了竞争，所以他又见了第六位女士，这位女士是一位贵妇，而他“害怕一场豪华婚礼的费用”；第七位女士非常有吸引力，但开普勒还是没有作决定，就让她等着，可她不是那种愿意等候的人，于是拒绝了他；第八位女士留给开普勒的印象不深；第九位女士身体虚弱；第十位女士体型不适合；第十一位女士太年轻了。终于，在开普勒见了 11 位女士后，决定停止无休止的“相亲”。他回顾了这段历程，觉得自己也许犯了错。他重新追求第五位女士，幸运的是，开普勒的追求被接受了，他们幸福地共度余生。

如果开普勒使用 37% 法则，他就可以简化这个过程。这个策略并不能保证他可以找到最佳伴侣，但可以保证他找到最佳伴侣的概率最大。如果开普勒的名单上有 11 位候选女士，他的最优策略就是：首先，对于前 37% 的女士，也就是前 4 位女士，不作选择，但通过与这 4 位女士接触，他可以设定一个标准。其次，在接下来遇到的女士中，如果有任何女士超过前 4 位女士，他就应该停止相亲，并向这位女士求婚。如果开普勒采取这个策略，他恰好也会选择第五位女士，也就是他回头再次追求的人。

**最优算法？**

寻找伴侣显然比在麦田中找出最大的麦穗复杂得多。在现实生活中，我们选择伴侣后还可能被拒绝。这是一个双向选择的过程，只有双方同时选择对方，选择才能成功。

于是数学家修正了模型。假设这种选择有 50% 的可能会被拒绝，最佳策略的 37% 的观望期就应该缩短为 25%（Christian & Griffiths，2016）。当然，我们不可能提前知道我们一辈子会遇到多少个恋爱对象，但这个 37% 或 25% 可以应用在时间上。假设你从大学毕业（22 岁）开始寻找结婚对象，并把寻找期限的下限定为 30 岁。如果你自身条件一流，只要开口，没有异性能够拒绝你，你就应该在 25 岁之前保持观望（37% 法则），25 岁之后遇到比之前更优秀的结婚对象时，就要果断拿下。而如果你条件一般，估计有一半的概率会被拒绝，你的观察期就只能短一点，应该在 24 岁之前保持观望（25% 法则），此后就要开始选择结婚对象了。如果你被拒绝，继续根据这一策略，遇到任何一位比观望期更优秀的异性都要立刻展开追求。使用这一策略，找到最佳伴侣的可能性为 25%。虽然不高，但已经是最佳策略了。

有时候，我们后悔错过某些人，就像开普勒。幸运的是，他回头寻找第五位女士时，还是被接受了。如果可以吃后悔药，最优解又是什么样的？假设我们立刻追求的成功率为 100%，兜兜转转再回来追求的成功率为 50%（有一半的可能被拒绝），最佳策略是在前 61% 的时间内保持观望，在剩下的 39% 的时间内，如果出现了比观察期遇到的所有人都更优秀的候选人，就开始追求；如果到最后还是单身，就回头追求之前最优秀的那个人。当然，此时你有一半的可能被拒绝。允许二次选择的情况下，运用这一最优策略寻找到最佳伴侣的可能性为 61%（Christian & Griffiths，2016）。

读到这里，你是不是准备拿起笔，算算自己的观望期应该是多久？等一等！使用数学模型计算最优解永远会过分简化现实问题。例如，在运用 37% 法则时，假设的情况是我们对候选人一无所知：我们不知道自己想寻找什么样的人，没有任何客观标准，对对方的身高、体重、收入、资产没有任何要求，因此需要一段观望期，以获得信息，建立自己的标准和预期。如果你已经有了标准，对恋爱“市场”有相当的了解，你的最优解可能就不一样了。此时，你无需在观望期浪费机会了。你可以使用门槛策略（threshold rule），选择任何一个超过你的标准的候选人。此外，37% 法则还假设最佳伴侣出现在任何时间的概率都相等，而在现实生活中，在不同的人生阶段你遇到的人也会有所不同，所以该假设可能并不成立。

总之，这些策略给我们提供了一些思路，在犹豫不决时，能为我们提供一些启示。不过，我们寻找伴侣或许并不是为了找到最优秀或最合适的人，让我们感到快乐、幸福的人就足以成为伴侣了。

## 别人的伴侣总是更好？

20 世纪 90 年代，加拿大艾里森山大学的研究者杜加金（Lee Alan Dugatkin）对一种名叫孔雀鱼（poecilia reticulata）的小鱼产生了兴趣，这种小鱼是来自西印度群岛特立尼达图的图勒河的孔雀鱼的后代。杜加金研究这种小鱼的择偶行为，发现了一个有趣的现象。在自然界中，雌性孔雀鱼一生中会和许多雄性交配，成年雄性孔雀鱼会对雌性展开猛烈的追求，并经常尝试与其交配，而成功的交配通常始于雌性默许雄性的求偶行为。好玩的是，雌性孔雀鱼经常观察同类如何选择伴侣，甚至会“抄作业”，复制同类的选择。

杜加金使用实验的方法进一步研究了这一现象。他把实验对象——一条雌性的孔雀鱼放置在一个长方形的透明鱼缸中。为了固定这条雌性孔雀鱼的位置，它被放置在一个有机玻璃罐中，这个有机玻璃罐被放置在鱼缸的中间（见图 5.6A）。鱼缸的左右两侧分别有两个小玻璃鱼缸（B），这两个鱼缸中各放置一条雄性孔雀鱼，这两条雄性小鱼在颜色和体型上都经过匹配，其吸引力不分伯仲。此外，还有一条雌性小鱼（杜加金将其称为“榜样”）被放置在中间的鱼缸中，但没有放置在鱼缸的中间位置，而是放置在中间鱼缸的左侧或右侧（C），此处（D）有一个可移动的玻璃隔板，以固定小鱼的位置。

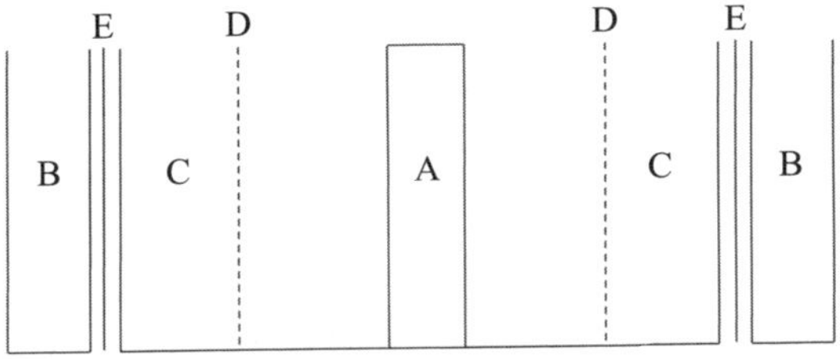


图 5.6 实验中使用的鱼缸示意图
（来源：Dugatkin，1992）

实验开始时，杜加金把小鱼们分别放置到以上提到的相应位置，给小鱼 10 分钟适应环境的时间。此时，鱼缸之间（E）有不透明的隔板，中间鱼缸中的雌性小鱼看不到两侧的雄性小鱼。10 分钟后，他移开不透明隔板，此时研究对象雌性小鱼在 A 位置，可以观察到左右两侧（B）各有一条雄性小鱼，在靠近其中一条雄性小鱼的一侧（C），还有一条雌性小鱼（榜样）。这条榜样小鱼的位置是随机决定的，要么靠近左边雄性小鱼（左侧 C 处），要么靠近右边雄性小鱼（右侧 C 处）。靠近榜样小鱼的雄性小鱼，会展开求偶攻势，这个观察过程也持续 10 分钟。随后，杜加金移除榜样小鱼和 D 位置隔板，把研究对象雌性小鱼从 A 位置的玻璃罐中取出，放入鱼缸中，此时这条小鱼可以在中间的鱼缸中随意游动。他发现，观察了 10 分钟求偶过程后，这条小鱼更有可能游到榜样小鱼停留的位置。杜加金认为，这说明这条小鱼更偏爱被榜样小鱼“选择”的雄性小鱼。也就是说，作为“观察者”的雌性鱼复制了榜样鱼择偶的行为，这被称为“择偶复制”（mate copying）。

在杜加金 1992 年的研究发表后，又涌现大量的择偶复制相关研究，这些研究证明该现象广泛存在于自然界，包括鸟类（Hoglund et al.，1995）、鱼类（Alonzo，2008）等，都出现此现象。择偶时动物可以依赖的信息分为直接信息和间接信息，前者是动物亲自获取的信息，可能较准确，但需要花费时间和精力；后者相对更容易获得，不需要投入太多成本，但也可能不太可靠。择偶复制就是这些动物使用的一个有效策略，即在择偶时观察同类的选择，为自己的选择提供参考。当然，"抄作业"也是要考虑质量的，研究者也发现，择偶复制并不是复制任何择偶行为，只有当被观察者的配偶价值较高时，观察者才会复制被观察者的择偶行为。例如，雌性孔雀鱼更可能"抄袭"比自己更年长（也就是更有经验）的雌性孔雀鱼的选择。

虽然人类的择偶比动物复杂，但人类同样存在择偶复制现象。我的博士生导师琼斯和德布鲁因用实验验证了这一现象，相关研究于 2007 年发表在《英国皇家学会学报 B：生物科学》(*Proceedings of the Royal Society B：Biological Science*）上。该研究分别招募了 28 名男性和女性参与者，首先让他们评价一些男性面孔图片的吸引力。随后，将这些男性面孔图片和一些女性面孔图片配对呈现。配对中，女性面孔朝向男性面孔，一半女性面带微笑，另一半女性为中性表情（没有面部表情）。在这个阶段，参与者只需要观看这些照片。随后，与第一阶段一样，再次请参与者评价这些男性面孔图片的吸引力。结果发现，女性参与者对与微笑女性匹配的男性面孔给出较高的吸引力评价；相反，男性参与者在观察到女性的微笑后，对与其配对的男性的评价降低了。研究者认为，女性微笑表情传达出的信息是对异性的赞许与肯定，女性参与者提高了对获得其他女性肯定的男性的评价，这是择偶复制的一种表现。有趣的是，不同于女性参与者，男性参与者表现出完全相反的倾向，这应该是同性竞争的一种体现。与进化心理学的理论一致，男性之间的竞争使其会对被女性青睐的其他男性表现出敌意。

我们在选择伴侣时会受其他人的影响，这点不足为奇。毕竟，我们在作出其他决定（如购物、找工作、选专业等）时，也会听取别人的意见。择偶时被他人影响是进化心理学家认为的一种适应性择偶策略，还是与其他任何一种决策类似，都会被社会或他人影响，仍然是研究者争论的话题。无论是哪一种，我们在选择伴侣时，的确会被同类的选择影响。

# 第六章

# 开始爱的旅程

在经历了选择恋爱对象时的举棋不定之后，你郑重地选定了一位，牵起她/他的手，准备一起步入爱的旅程。英文用“fall in love”表达相爱，仿佛爱情是一个陷阱，相爱便是掉入陷阱。你还可能感到头晕目眩，大脑空白，心跳加速，在凝视对方的眼眸时这种感觉更加强烈。当你逐渐向爱人敞开心扉，你就会陷得更深。你甚至会成为“井底之蛙”，对其他的美视而不见，或者让爱情冲昏了头脑，不再是那个冷静的你。

本章将带你进入爱情的旅程，体会坠入爱情陷阱的感受。

## 生理唤醒：心动的感觉

心动是什么感觉？是脸红心跳、小鹿乱撞的感觉。遇到心动之人后，全世界都变得与我无关，此刻眼里只有自己和对方……这仿佛青春小说一般的情节，你或许体验过。心动的感觉如此明确，一旦发生，我们都应该感觉得到，不需要读过爱情小说，不需要学过生物学，不需要既往经验，就能确信这是心动。心动似乎是一个信号，告诉我们爱情将要发生了，但心动的信号会不会也有不准的时候？

回想一下，脸红心跳、紧张、呼吸加速，是不是听起来很熟悉，并不仅仅发生在爱情情境中？看恐怖电影、参加重要考试和面试、等待重要结果（如高考成绩）、坐过山车等，在这些场景中，我们也能体会到类似感觉。研究者把这样的状态称为“生理唤醒”（physiological arousal），此时我们更紧张、专注，并伴有心跳加快、呼吸加速等生理变化。强烈的情绪体验，无论是愤怒、恐惧、悲伤还是开心、喜悦，都伴随着与心动时类似的生理唤醒。

既然生理唤醒不仅仅发生在爱情中，那么我们会把其他原因引发的生理唤醒错认为爱情吗？答案是肯定的，我们真有可能犯这样的错误，心理学中著名的吊桥效应就是借助生理唤醒制造了心动的感觉。

研究发生在20世纪70年代，心理学家达顿（Donald G. Dutton）和亚瑟·阿伦将加拿大英属哥伦比亚的两座桥选为研究地点。其中一座桥是位于加拿大温哥华北部的卡皮拉诺峡谷上方的危险吊桥，全长137米，高70多米，悬挂在卡皮拉诺河湍急的水面上，另一座桥则是上游处坚固的普通木桥。吊桥悬挂于高空中，随着山谷中的风、桥上游客的步伐而不断摇晃，桥下湍急的河流一览无余，这些都能诱发生理唤醒，使人害怕、紧张。而另一座桥坚固、安全，不会让人产生这样的感觉。

两位研究者在两座桥上安排了一位年轻、漂亮的女性作为研究助手，她被告知了实验流程，但并不知晓真正的实验目的。当有符合实验条件（18—35岁，没有女性同伴同行）的男性走上桥梁，这位漂亮的年轻女性就会走近他，请他帮忙完成一个研究，并告诉他这是一个心理学研究，目的是探究美景对创造力的影响。绝大多数男性都同意了这个请求，他们在桥梁上完成了一份简短的问卷。此外，研究助手还要求他们根据一幅画编写一个小故事，这幅画选自主题统觉测验（thematic apperception test），这是一种投射性人格测验，测验中会呈现一些没有明确意义的图片，每个人都有自己的想法，而他们的想法会投射到图片中，所以不同的人根据相同图片编写的小故事其实都是自己想法的投射。在这幅画（TAT 3GF）中，一位女性站在一扇门旁，一手扶着门沿，一手掩面。

实验结束之后，研究助手感谢他们的参与，表示愿意向他们提供更详细的信息，但她现在还要继续完成实验任务，没办法花更多的时间解释。如果参与者对实验内容有疑问，可以联系她，以获得更多的信息。她撕下一张小纸条，写上名字和电话，留给每一位参加实验的男性。

结果发现，在吊桥上完成实验的参与者，相比在稳固的木桥上完成实验的参与者，在根据图片编写故事时加入了更多的浪漫和性的元素，在实验结束后联系研究助手的概率也更高。他们联系女性研究人员也许是对实验内容有疑问，不过更有可能是醉翁之意不在酒。因为研究者让男性助手重复了整个实验，此时几乎没有男性参与者在实验结束后打电话联系这位男性助手。

以上结果不是因为两位女性助手外表吸引力的不同而导致的，因为这些男性参与者面对的是同一位女性助手。那是什么原因使得吊桥组男性参与者产生心动的感觉呢？研究者认为，狭窄而高的吊桥让这些男性产生诸如心跳加速、紧张等生理唤醒反应，而他们将其归因为女性助手的吸引力。换句话说，对生理唤醒的错误归因让这些男性认为自己“心动”了。

与其类似，美国得克萨斯州大学奥斯登分校的研究者梅斯顿（Cindy M. Meston）和弗罗利希（Penny F. Frohlich）研究了玩过山车能否产生假心动感觉。两位研究者在游乐场询问等候玩过山车和刚玩过过山车的游客，请他们评价一张陌生异性照片的吸引力。然后发现，那些没有与恋人一起游玩的（独自玩或和朋友一起玩）游客，相比等候游玩时，在刚玩完过山车后认为异性照片更有吸引力，与照片中的异性约会的意愿也更强。与恋人一起游玩的游客则未受影响，他们对陌生异性吸引力的评分基本一致。

这里有两个关键点：首先，的确产生了一定程度的生理唤醒，可能由恐惧、运动等引发；其次，对生理唤醒错误归因，认为它是由心动引发的，而不是由真正的唤醒事件引发的。这一现象与心理学家沙赫特和辛格（Jerome Singer）提出的情绪两因素理论的观点一致。沙赫特认为，情绪的体验由生理唤醒和认知评价两部分组成。生理唤醒是没有差别的，需要我们的认知对生理唤醒作出评估，我们的认知系统觉得哪个情绪标签最合适，我们就体验对应的情绪。通常来说，导致生理唤醒的诱因是明确的，所以我们不会出错。当生理唤醒出现在模棱两可、混淆不清的情境中，我们就可能出错。

根据情绪两因素理论，心理学家沃尔斯特和贝沙伊特（Ellen Berscheid）提出爱情的两因素理论。他们认为，激情的爱恋首先需要有生理唤醒，无论这种生理唤醒来自真正的心动还是其他无关经历。其次，当一个人经历了心悸、紧张、脸红、心跳加速后，他需要将这些体验归因于爱情。一旦他认定这些体验的源头是激情之爱，爱情就产生了。

这样看来，仅仅有生理唤醒不一定能保证爱情的产生，还需要当事人愿意将它贴上爱情的标签，这取决于当事人是否对潜在对象有好感。在吊桥效应的实验中，采访男性参与者的研究助手是一位年轻、貌美的女性，如果研究助手外貌并不出众，又会有什么样的结果？1981 年发表在《人格和社会心理学杂志》上的一篇文章能够告诉我们答案。研究者怀特（Gregory L. White）、菲什拜因（Sanford

Fishbein）和鲁茨坦（Jeffrey Rutsein）通过跑步来让参与者产生生理唤醒。这几位研究者让男性参与者跑步 2 分钟（高生理唤醒）或者 15 秒（低生理唤醒），之后看一位年轻女性的一小段录像，并声称他们随后会与这位女性见面。这位女性的面容经专业化妆师化妆后，分为高颜值和低颜值两种情况。研究发现，相比低生理唤醒，当这位女性颜值高时，高生理唤醒能使男性觉得她的吸引力更强；而当这位女性颜值低时，高生理唤醒反而使男性觉得她的吸引力更弱。

当我们处于生理唤醒状态，又恰巧遇到一位合适且有魅力的异性，我们就更容易爱上对方。因此，下一次约会时你或许可以改变思路，尝试一下能够产生“心动”的活动，如一起健身、爬山，去游乐场坐过山车，或者玩密室逃脱，看动作片。这些能加快感情升温的速度，当然，前提是对方已经对你有好感。

## 爱情的凝视

眼睛是心灵的窗户，在人际交往中，眼神能透露不少信息。人们寻找伴侣时，眼神交汇更容易透露爱意。情投意合的男女，互相凝视时可以迸发爱情的火花；而兴趣索然的两个人，可能会躲躲闪闪，避免眼神的交流。

### 瞳孔

外部光线通过眼睛中的瞳孔（pupil）到达视网膜。瞳孔是我们眼睛中一个大小可调节的小孔，它的主要功能是通过扩散或缩小，调节进入眼睛的光线量。强光会导致我们的瞳孔缩小，减少光线的进入，保护视网膜；而光线昏暗时，瞳孔会扩大，以增加光线的进入。人类眼睛的瞳孔变化没有那么明显，但如果你注意一下猫的眼睛，就会发现白天光线强烈时，猫的瞳孔会变成一条线，而夜晚就会变圆，这和人的瞳孔变化是一个道理。

瞳孔的大小变化不仅仅发生在调节光线时，也发生在情绪唤起时。当人们处于压力、恐惧中，瞳孔会扩大；当人们看到厌恶的人或物，瞳孔会收缩。研究者发现，当人们面对心仪之人，瞳孔也会扩大。生理的欲望是爱情中密不可分的一部分，性唤起也会使瞳孔扩大。心理学家赫斯（Eckhard Hess）1965 年发表在《科学美国人》（*Scientific American*）期刊上的一篇论文，就描述了这一有趣现象。赫斯给他的研究助手波尔特（James Polt）看一些图片，并记录他的瞳孔变化。赫斯发现，当波尔特看到一张女性的裸照时，他的瞳孔明显扩大了。进一步的研究发现，异性恋的人看到异性的裸照时，与同性恋的人看到同性的裸照时，瞳孔都会明显扩大。这说明人们对感兴趣的人产生欲望时，瞳孔就会扩大。

对于虹膜颜色较深的人（如黄种人），瞳孔扩大与否并不是很明显。但对于虹膜颜色较浅的人，瞳孔扩大与否很容易观察到。虽然我们在意识层面并不会观察瞳孔是否扩大这一线索，但在潜意识里我们可能已经学会使用这个线索判断对方的“心意”。

赫斯 1975 年发表在《科学美国人》上的论文记录了这样一个实验：给男性参与者看两幅似乎一模一样的女性面孔图片，这两张图片只有一点不同，就是瞳孔的大小不一样（见图 6.1）。男性参与者普遍认为，瞳孔较大的女性更具有吸引力，更友善；瞳孔较小的女性则看起来更不友善，更自私。他们之所以作出这些评价，显然是因为无意识中被瞳孔大小所影响。对于瞳孔颜色较浅的人，瞳孔变化可以被观测到，在长期进化的过程中，他们可能习得这一能力，但不一定是有意识习得的。

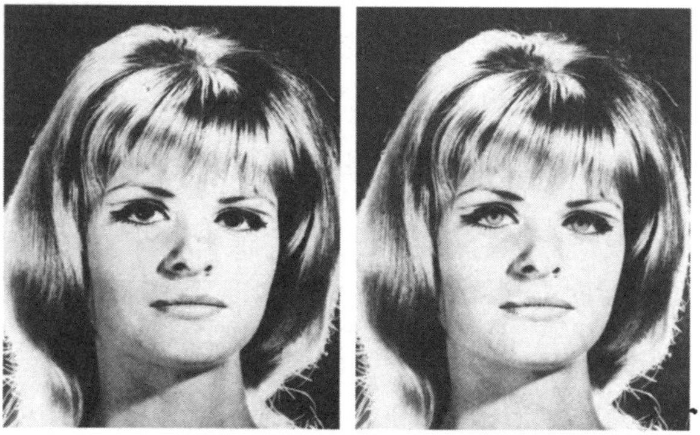

图 6.1　瞳孔大（左）和瞳孔小（右）的女性面孔图片
（来源：Hess，1975）

**对视**

瞳孔的大小对我们虹膜颜色较深的人来说，不是一个明显的、可观测的线索，但眼睛凝视的方向，也就是眼神投向的地方，确实是一个重要且明显（容易探测到）的线索。

眼睛凝视的方向是人际互动中的一个重要线索。当人们互相凝视时，有眼神交流的两个人通常有积极的社会互动；而当人们躲避眼神时，多半意味着已经没有兴趣继续交流。2001 年发表在《自然》期刊上的一篇论文记载了一个有趣的研究，来自英国伦敦大学学院的研究者坎佩及其同事使用功能性磁共振成像技术，探索我们的大脑对有魅力的异性的反应。该技术使用的是医院中检查身体用的核磁共振成像仪，但与医院中用它探测哪一部位有异常不同的是，这次坎佩等人用它扫描大脑的血氧浓度，推测大脑不同部分在不同任务中的活跃程度。因为我们看激发情绪的图片时，处理情绪的脑区会激活，处于活跃状态。使用这种方法，就可以推测与某个任务相关的大脑活动。

坎佩等人让参与者躺在核磁共振成像仪中，观看一系列异性的面孔图片，同时记录他们的大脑活动。这些面孔既有往前看的，也有往左边或右边看的。结果发现，当图片中的异性长得很漂亮并直视前方（也就是直视参与者）时，参与者大脑中的腹侧纹状体会变得活跃；当异性看向别处时，活跃程度就会降低。腹侧纹状体和奖赏加工有关，坎佩等人认为，漂亮的异性看向我们时，我们的奖赏系统会激活，得到积极的社会反馈；而其眼神投向别处时，我们会因未得到积极反馈而失望。反过来，一个没什么吸引力的人直视我们时，就可能诱发失望；当这个人看向别处，我们可能松一口气，感到解脱。

在上述研究中，因研究仪器受限，只能让参与者看面孔图片。如果是与真人对视，会有什么样的结果呢？来自美国波士顿新英格兰恐惧症治疗和研究中心的凯勒曼（Joan Kellerman）等人探究了相互凝视和浪漫爱情的关系。在这个研究中，参与者随机与一位异性匹配，完成不同的任务，包括看对方的眼睛（对视），看对方的手，数对方眼睫毛的数量，等等。结果发现，对视组参与者感受到更强烈的吸引，更多爱的激情，也更喜欢对方。短短两分钟的对视，就让素不相识的参与者产生浪漫爱情的感觉。

凝视既然能让陌生人之间产生爱情的火花，对情侣来说就更不例外了。美国哈佛大学心理学家鲁宾（Zick Rubin）发现，恋爱中的情侣会花更多时间互相凝视，而互相深爱、关系更长久的情侣会比普通情侣花更多的时间进行眼神交流。

无论是正在寻找伴侣，还是刚刚陷入爱河，抑或已经经历七年之痒，都可以试试凝视对方，也许能迸发意想不到的火花！

## 约会时聊什么？

谈恋爱时，情侣们通过约会增进对彼此的了解。可以相约一起看电影、逛街、坐摩天轮、运动或出游，享受与对方共度的时光。在这样轻松、愉快的氛围中，两个原本陌生、无关的人开始熟悉，并可能相约一起走过余生。

一次成功的约会能使两个人变得默契、亲密，而不成功的约会只会让双方觉得索然无味，进而质疑两人的关系。既然成功的约会对于增进感情至关重要，情侣该如何利用约会使感情升温呢？情侣在约会时聊些什么话题才能增进了解，形成默契、亲密的关系呢？

提出自我扩张理论的心理学家亚瑟·阿伦等人的研究成果可以为这个问题提供一个很好的答案（Aron et al.，1997）。这项研究提供了一系列问题，两个陌生人可以通过彼此询问这些问题快速营造亲密关系。亚瑟·阿伦在相关论文中提到，他们的实验室在以往的研究中使用了类似的提问方法，成功地让两位男性和女性建立了亲密关系。虽然在来实验室时，这些参与者完完全全是陌生人，但是经过提问环节，他们的亲密度都明显提升，有一对参与者甚至在实验结束后的几个月结婚了！

在《纽约时报》(*The New York Times*）的“现代爱情”专栏中，卡特仑（Mandy Len Catron）讲述了自己的经历。她当时刚分手，在读到亚瑟·阿伦教授的研究成果时，决定试一试。于是，她和一位男性朋友在酒吧中花了两个小时回答了这些问题，并彼此交换答案。最后，出乎意料，或许也是意料之中，卡特仑与他真的成为情侣！

现在就让我们看一下这些神奇的问题吧。它们一共有 36 道，分为三组，逐渐深入。这些问题通过不断自我表露（self-disclosure），达到迅速建立亲密关系的目的。亚瑟·阿伦认为，形成亲密关系的至关重要的环节是进行持久、深入的自我表露，而这些问题就是在帮助人们快速、不防备地袒露自我。

在这 36 个问题中，刚开始的几道问题看上去并不难回答，也不涉及太多的自我表露，人们通常可以轻松、愉快地回答这些问题。例如：“如果可以在世界上所有人中任意选择，你想邀请谁共进晚餐？”“你想成名吗？想以什么方式成名？”随后话题逐渐深入，在人们还没意识到时，就开始涉及更多隐秘的部分。例如：“说出三个你和你的伴侣看上去相同的特征。”“花四分钟时间，尽可能详细地告诉对方你的人生经历。”因为思维惯性，人们大多放开戒备，如实回答这些问题。

在正常的恋爱关系中，这些亲密或隐秘的话题可能需要用两三个月的时间，在互相熟悉和了解，双方都有信任感后才会提及。现在，在回答这些问题时，双方不断坦露自我，仿佛经历了一场独特的心灵之旅。两个人既审视了自己，又了解了对方，常常会迸发爱情的火花。

在恋爱中互相了解有时候并不像我们想象的那么简单，人们常常因为误解、骄傲、阴差阳错而错失伴侣。如果你也有类似困扰，不妨与伴侣或准伴侣一起回答这36个问题，没准你们会有意想不到的收获。

### 第一组

1. 如果可以在世界上所有人中任意选择，你想邀请谁共进晚餐？

2. 你想成名吗？想以什么方式成名？

3. 打电话之前你会先排练一下要说什么吗？为什么？

4. 对你来说，“完美”的一天是什么样的？

5. 你上次自己唱起歌来是在什么时候？给别人唱呢？

6. 如果你能活到90岁，你愿意在30岁的心智和30岁的体魄中选哪一个？

7. 你是否曾经秘密预感到自己会以怎样的方式死去？

8. 说出三个你和你的伴侣看上去相同的特征。

9. 人生中的什么东西最令你感激？

10. 如果你能改变被抚养成人过程中的一件事，会是哪一件？

11. 花四分钟时间，尽可能详细地告诉对方你的人生经历。

12. 如果你明天一觉醒来就能拥有某种能力，你希望是什么能力？

### 第二组

13. 如果有一个水晶球可以告诉你关于自己、人生、未来乃至任何事情的真相，你会想知道吗？

14. 有没有什么事是你一直梦想去做而没有做的？为什么没有做？

15. 你人生中最大的成就是什么？

16. 一段友谊中，你最看重什么？

17. 你最宝贵的记忆是什么？

18. 你最糟糕的记忆是什么？

19. 假如你知道自己在一年内就会突然死去，你会改变现在的生活方式吗？为什么？

20. 友谊对你来说意味着什么？

21. 在你生命中，爱和情感扮演什么角色？

22. 互相说出对方的 5 个优秀品质。

23. 你的家人之间的关系是否亲密、温暖？你觉得自己的童年比其他人更快乐吗？

24. 你和母亲的关系是怎样的？

## 第三组

25. 每人用“我们”造三个句子，并含有实际情况，例如：“我们俩在屋子里，感觉……”

26. 补充这个句子：“我希望和某人在一起，分享……”

27. 如果你想和对方成为亲近的朋友，请告诉对方有什么重要的事情是他或她需要知道的。

28. 告诉对方你喜欢他或她身上的什么东西，要非常诚实，说些你不会对萍水之交说的东西。

29. 和对方分享生命中尴尬的时刻。

30. 你上次在别人面前哭是什么时候？自己哭呢？

31. 告诉对方，你已经喜欢上他或她身上的什么品质。

32. 你觉得什么东西是严肃到不能开玩笑的？

33. 如果今晚你将离世，而且没机会同任何人告别，你最遗憾没和谁说说话？为什么至今你都没告诉他/她？

34. 假设你拥有的全部东西都在你的房子里，现在房子着了火，救出家人和宠物之后，你还有机会安全地最后一次冲进去，取出最后一件东西，你会拿什么？为什么？

35. 你的家人中谁去世了最令你难过？为什么？

36. 就一个私人问题请教对方，如果换做他（她），会怎么做？然后告诉对方你的想法。

## 爱情使人幸福和盲目？

一段健康的恋爱关系会让人感到幸福。虽然单身的人活得更自由，闲暇时可以按照自己的喜好随心所欲地生活，不用因另一个人的喜好而妥协，但亲密关系给予的馈赠使人们宁愿放弃单身的自由。在亲密关系中，恋人是彼此最亲密的战友、最同心的朋友，在人生这条河流中一起扬帆，得意时分享喜悦，失落时互相鼓励。对于人们如何从亲密关系中获益，心理学家做了广泛的调查研究，其结果都表明亲密关系对人们的身心健康有益。

研究发现，婚姻影响健康。相比没有结婚的人，结婚的人健康程度更佳。例如，在一项在瑞士进行的大样本调查中，研究人员发现，结婚人士对自己健康的评估显著高于离婚或失去伴侣的人，但并未高于从未结婚的单身人士（Williams & Umberson，2004）。相比未婚人士，结婚人士拥有更健康的心血管功能，如得心脏病和中风的概率更低（Malcolm & Dobson，1989；Maselko et al.，2009）。结婚的男性有更健康的免疫系统，如他们体内的 C- 反应蛋白（C-reactive protein，CRP）比未婚男性更少。C- 反应蛋白是免疫系统炎症的指标，它和慢性压力有关，可以用于预测心血管疾病。结婚人士的死亡率也明显低于未婚者，特别是老年人（Manzoli et al.，2007）。

鉴于稳定的恋爱关系能给人们的身心健康带来各种益处，社会心理学家认为，人们应该尽可能地保护、维持当前的恋爱关系，而对恋爱关系威胁最大的一个因素就是“第三者”。人类学家贝齐格（Laura Betzig）对 160 种文化中的离婚诱因进行了调查，发现婚外情是最大离婚诱因。鉴于此，似乎应该发展出一种抵御第三者的心理机制，使恋人们避开有吸引力的异性。美国得克萨斯农工大学的研究者辛普森（Jeffry A. Simpson）等人邀请一群人给杂志上的异性评分，发现有恋人的人给出的评分显著低于单身者的评分，他们对有吸引力的异性照片的关注也更少（Miller，1997）。当研究者两个月后再联系这群人，发现两个月前对有吸引力的异性关注得越多，两个月后分手的可能性就越大。这样看来，减少对其他有吸引力的异性的关注的确是恋爱关系的保护机制。

研究者还探究了恋爱关系是否影响对有吸引力的异性的记忆。荷兰拉德堡德大学的研究者卡雷曼斯（Johan C. Karremans）等人认为，恋爱关系会左右人们对异性的记忆（Karremans et al.，2011）。他们在研究中使用了“逆相关”( reverse-correlation paradigm ) 范式。在这个实验中，女性参与者首先会看到一张高吸引力或低吸引力的男性图片，然后看到一系列成对出现的图片，她们的任务是在成对出现的图片中选出一张与之前见过的图片更相似的图片。这些成对图片是由同一张男性图片叠加随机噪声生成的模糊图片。最后，将这些被选择出来的图片合成为一张图片，这张合成的图片就是这些女性记忆中对之前见过的男性图片的表征。结果发现，相比单身者，恋爱中的女性的记忆表征中的异性在面孔吸引力的维度上差异更小 ( 见图 6.2 )。也就是说，恋爱中的女性在记忆高吸引力的男性时，降低了这些男性的吸引力；而对于低吸引力的男性，又增加了这些男性的吸引力。换句话说，恋爱中的女性对男性的吸引力更不敏感。

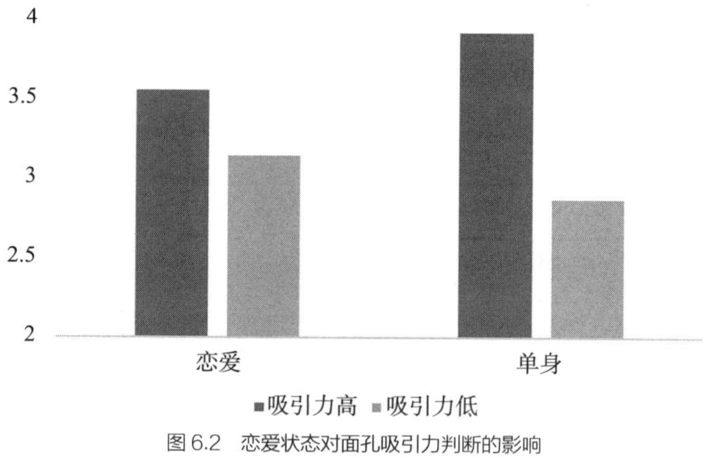


图 6.2　恋爱状态对面孔吸引力判断的影响

( 来源：Karremans et al.，2011 )

不过，不同于社会心理学家，进化心理学家并不认为恋爱中的人应当忽略其他有吸引力的异性。毕竟，寻找更具吸引力的异性作为伴侣，可以增加后代的生存概率，因而不应该存在这样的心理机制，使得恋爱中的人对其他异性的吸引力不敏感。我和合作者曾经使用更简单的方法，探究恋爱关系对异性吸引力的关注和记忆的影响（Wang et al.，2016）。这项研究同样招募了一群女性，让她们观看男性照片（研究 1）和记忆男性照片（研究 2）。结果发现，这些女性花更长的时间观看高吸引力的男性照片，对低吸引力的男性面孔记忆得更好。重要的是，男性吸引力对注意和记忆的影响，在单身女性和恋爱女性身上并没有差别。恋爱女性并没有比单身女性花更少的时间观看高吸引力的异性，也没有对高吸引力的男性有更好或更差的记忆能力。

恋爱或婚姻关系能否使人们蒙上发现美的眼睛，对其他有吸引力的异性视而不见？心理学研究似乎没有给我们一个统一的答案。毕竟，在恋爱或婚姻中，每个人的处境不尽相同。有些人的恋爱或婚姻关系稳定、持久，满足于现状，也有些人愿意尝试更多的可能性，追寻最佳伴侣。就像人生一样，如何选择没有对错，只是我们都需要承担选择的后果罢了。

## 漂亮女性让男性更短视？

不知什么时候起，车展上吸引人的不再只有豪车，和豪车相伴的美女模特也吸引了不少眼球，甚至成为媒体竞相报道的热点。美女加豪车自然赏心悦目，吸引人们的目光，但美女的存在不仅仅起到吸引注意力的效果，还可能让男性更冲动、冒险，从而冲动消费。

心理学家用实验方法证明了这一现象，即当男性看到有吸引力的年轻女性的照片时，他们更容易冲动。加拿大麦克马斯特大学的心理学家马戈·威尔逊（Margo Wilson）和戴利（Martin Daly）招募了200 名参与者，包括 96 名男性和 113 名女性。他们被随机分配到高吸引力面孔组、低吸引力面孔组、高吸引力车组、低吸引力车组中，并对相应（吸引力高或低）的异性面孔或车的图片作出吸引力评价（Wilson & Daly，2004）。

随后，他们还要完成一个跨期决策（intertemporal choice）任务，跨期决策指权衡并抉择发生在不同时间点上的结果。例如，在两个选项中作选择，一个是时间点远但金额较大的选项（150 天后得到 75 元），另一个是时间点近但金额较小的选项（明天得到 35 元）。如果只关注金钱收益，显然应该选择第一个选项，但时间点同样影响决策，有时人们更看重当下的收益，权衡之后可能选择时间点更近的选项。研究者可以根据参与者作出的一系列跨期选择，计算其延时折扣率（discount rate）。延时折扣率越大，说明参与者越注重眼前收益；反之，则表明他越注重长远收益。

研究者发现，呈现漂亮女性图片，能使男性在跨期决策任务中更偏好短期利益；而女性观看具有吸引力的男性图片之后，她们在跨期决策任务中的行为没有变化。高吸引力车的图片不会让男性的延时折扣率变化，却会让女性更重视短期利益。

漂亮女性图片为什么会使男性变得更短视？研究者认为，漂亮的女性能够激活男性的交配动机（mating motivation），使其更冲动，因而更偏好短期利益。根据以往文献，睾酮很可能在其中起调节作用。睾酮是一种雄性激素，不仅在男性的青春期发育和第二性征发育中起关键作用，还能影响决策行为。睾酮水平并不是静态的，而是根据情境的变化快速波动的。漂亮女性能使男性的睾酮水平上升（Ronay & Hippel，2010；Zilioli et al.，2014），而睾酮水平的高低与跨期决策中的短视程度成正比（Doi et al.，2015）。

漂亮女性还能让男性更愿意冒险（Baker & Maner，2009）。来自美国佛罗里达州立大学的小贝克（Michael D. Baker Jr.）和曼纳（Jon K. Maner）招募了近两百名男性参与者来验证这一现象。研究者首先让他们观看一段视频，视频中是一位颇具吸引力的异性在回答一些问题。参与者被告知，他们随后会和这位异性互动。其中一半参与者被告知，这位异性已经结婚或订婚；而另一半参与者被告知，该异性是单身状态。随后，他们完成一项测量风险偏好的任务，其中一部分参与者被告知，他们完成任务的结果会被之前介绍过的异性看到；而另一部分则被告知，任务结果不会公布。

随后，研究者使用仿真气球冒险任务（balloon analogue risk task）测量这些参与者的风险偏好水平。在这个任务中，参与者会在计算机屏幕上看到一个气球，他们可以按键逐渐吹大这个气球，每吹一次就会有一定收益，同时也会面临气球被吹爆的风险。气球越大，越有可能被吹爆，当然获得的收益也越大。如果气球被吹爆了，这一轮的收益就为零。参与者随时可以选择停止吹气球，以获得当前收益（见图 6.3）。研究者用吹气球的次数和吹爆气球的个数来衡量参与者的风险偏好水平：吹气球的次数越多，吹爆气球的个数越多，风险偏好水平就越高。研究发现，男性参与者在颇具吸引力的异性单身且任务结果公开时，风险偏好水平更高。也就是说，男性在有魅力的潜在恋爱对象面前，会表现得更爱冒险。

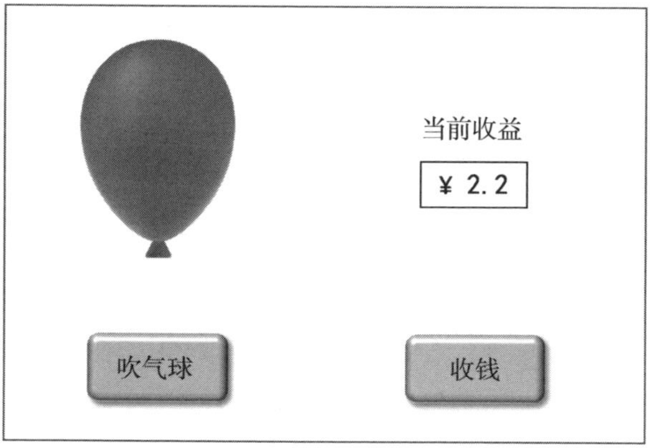


图 6.3 仿真气球冒险任务示意图

其他研究者使用不同方法测量参与者的风险偏好，也发现了类似效应。例如，来自澳大利亚昆士兰大学的研究者罗内（Richard Ronay）和希佩尔（William von Hippel）做了一个现场实验。现场实验区别于在实验室中进行的实验，后者通常是研究者用广告招募参与者参加实验，在实验室中模拟现实情境（如放异性的照片或视频）。实验室的环境更可控，实验操作受无关因素的影响较少，因而常常受到研究者的青睐。但在现场实验中，实验地点、操纵均发生在日常生活中，其结果更能推广到日常生活中。

这个现场实验发生在澳大利亚布里斯班的滑板公园，研究对象是年轻的男性滑板手（平均年龄为 21.58 岁）。结果发现，有漂亮女性在场时（相比容貌普通的女性在场时），男性滑板手更愿意尝试风险更高、难度更大的动作。虽然这使他们有可能在漂亮女性面前帅气地完成更危险的动作，但他们失败的概率（没有安稳着陆）也增加了。

漂亮女性的出现使男性更短视，更愿意冒险，还会有更多的炫耀式消费（Griskevicius et al.，2007）。研究者从进化心理学的角度解释这一现象，认为这都是男性求偶策略的体现。在动物世界，雄性也常常铤而走险，或与同性竞争，或保护同类，以赢得雌性的欢心。在研究者看来，人类的这一求偶行为与其他动物没有本质区别。

第七章

# 恋爱的化学反应

人类的爱情既神秘又复杂。我们每个人都能体验爱情，给出自己对爱情的定义。不过，生物心理学从爱情的生理机制的角度，为我们理解爱情提供了独特的见解。

生物心理学探究爱情发生时身体经历了哪些变化，而这些生理变化与我们的爱情体验密不可分。在爱情的早期阶段，热恋的人有强烈的情绪反应：当他们看到或想到心爱之人时，多巴胺神经元被激活，奖赏环路活跃，想方设法与心爱之人共度时光；血清素水平下降后，他们患得患失，情绪时而高昂，时而低沉；男性体内的雄性激素上升时，会时刻为赢得心仪之人的芳心作准备。随着感情的发展，激情逐渐转变成依恋，催产素和升压素占据主导地位，使恋爱关系长久且稳固。当恋爱关系破裂，大脑感受到刀割般的疼痛，失恋带来的痛苦、焦虑、失眠等生理反应就如同戒除药物成瘾一般难熬。

## 恋爱中的大脑

爱情几乎广泛、无一例外地存在于人类社会中。人类学家扬科维亚克（William Jankowiak）和费希尔（Edward F. Fischer）调查了世界上的 166 种文化，调查的地区包括环地中海地区、非洲撒哈拉地区、东欧亚大陆、太平洋岛屿和美洲。他们搜寻这些文化中的婚姻是否强调爱情的存在，搜寻爱情的证据。例如，是否有爱情歌曲或民间故事歌颂婚姻中的爱情，是否有因为两情相悦而发生的私奔，是否有关于爱情的记载，等等。结果发现，147 种文化中都有爱情存在的证据。作者举了三个例子，其中一个就是我国宋朝的《京本通俗小说》

中的《碾玉观音》，记载了宋朝的一对男女因爱私奔的故事。因强烈的爱恋而选择私奔，违反父母的意志和社会规范，只为了与心上人在一起，应该是一个很好的爱情的证明。两位研究者认为，绝大部分文化中都有爱情存在的证据，而在剩余的一小部分文化中，他们只是未发现明确的证据，并不是没有爱情存在。

即使我们对爱情都不陌生，描述和定义爱情也不是一件容易的事。爱情本身的复杂使人们并不容易概括它，但研究方法的进步使研究者可以使用功能性磁共振成像技术，直接观察恋爱时人们的大脑活动。

研究者亚瑟・阿伦、菲舍尔（Helen Fisher）和马谢克（Debra J. Mashek）招募热恋中的情侣参与研究。在进行功能性磁共振扫描时，参与者观看恋人和普通朋友的照片以及执行其他任务（如算数）。研究发现，相比观看普通朋友的照片，在观看恋人的照片时，大脑中的奖赏环路更加活跃，这些活跃的脑区包括中脑腹侧被盖区（ventral tegmental area）和尾状核（caudate nucleus）。如图 7.1 所示，中脑腹侧被盖区位于脑干部位的中脑，这个区域富含多巴胺能神经元，是多巴胺神经通路的重要组成部分。多巴胺神经通路从这里出发，投射到大脑中的不同区域，其中包括尾状核。这条多巴胺通路和奖赏动机密切相关，当它活跃起来，人们就会有强烈的动机和意愿去追求爱情。而尾状核与对奖赏的预期有关，当人们预测会有奖赏发生时，尾状核就会变得活跃。因此，当热恋中的人看到恋人的照片，会产生强烈的追求奖赏的动机，并预期将获得愉悦的体验。对恋人的大脑反应说明爱情是人类本能的动机系统，人们渴望爱情就如同饥饿和口渴时渴望食物和水一样。

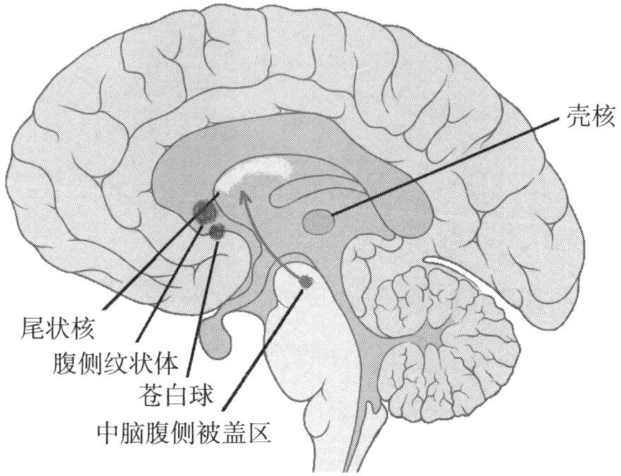


图 7.1　大脑中的奖赏环路

失恋的人看到无法挽回的前任的照片时，大脑又会产生什么样的反应呢？研究者使用同样的研究方法，邀请被恋人拒绝或抛弃的人参与研究。研究者发现，即使他们已经失恋，他们的奖赏系统仍然像恋爱者一样活跃。这说明他们仍然像恋爱者一样，对恋人有强烈的渴望和追求的动机。此外，失恋的人看到前任时，大脑的腹侧纹状体、壳核、苍白球区域活动更活跃（Fisher et al.，2006）。人们作出高风险（收益和损失都很大）经济决策时，这些脑区也会变得活跃，这证明这些脑区的激活和计算决策中的得失有关。研究者推测，失恋的人在面对失去的爱情时，大脑会思考为什么会失去爱情，失去爱情意味着什么。

## 多巴胺与激情之恋

作为一种神经递质，多巴胺负责在不同的神经细胞之间传递信息。产生多巴胺的神经元大多集中于大脑最深处的中脑（如腹侧被盖区、黑质），多巴胺从这里出发，形成不同的神经通路，投射到大脑的不同区域，掌管着不同的功能，如运动、注意、决策等。但多巴胺之所以为人熟知是因为它被冠以“快乐激素”之名，人们通常会把多巴胺和幸福画上等号。

我们认识多巴胺的时间并不长。自 1957 年蒙塔古（Kathleen Montagu）在伦敦附近一家医院的实验室中发现多巴胺以来（Björklund & Dunnett，2007），研究者曾经认为多巴胺的作用是产生愉悦的感觉。早期研究发现，当人们服用能够成瘾的药物（如可卡因），体内的多巴胺会激增，此时人们会体验到强烈的欣快感。但很快研究者就发现，多巴胺的功能没那么简单。

在猴子身上做实验时，研究者发现，当食物出现，生产多巴胺的神经元会活跃起来，但猴子还在享用食物时，多巴胺神经元就不再活跃了。如果研究者在给猴子食物之前先给一个信号（如铃声、亮灯），多次重复之后，猴子会学习到这一规律，此时多巴胺的释放就会从食物出现提前到信号出现。由此，研究者推测多巴胺的作用不是体验到奖赏，而是对奖赏的期望，是奖赏出现或可能出现时希望体验到奖赏的渴望，研究者称之为奖赏的“动机”，这种动机促使人和动物去追求获得奖赏物。阻止多巴胺发挥作用会使动物失去最基本的吃东西和喝水的动机，以至于被活活饿死和渴死。

研究者又发现了一些关于多巴胺的有趣现象。当研究者有规律地投放食物，日复一日，虽然猴子仍然享用食物，但多巴胺的释放减少了。当研究者并不是有规律地给猴子投放食物（如每一次给出信号后，只有一半的概率给食物），多巴胺的分泌就会激增。获得食物的不确定性让猴子更迫切地期望食物的到来。

瑞士科学家舒尔茨（Wolfram Schultz）和达扬（Peter Dayan）等人用奖赏预期误差（reward prediction error）理论来解释这一现象。人和动物总是对未来有一定的预期，如果奖赏按照我们的预期出现了，预期就没有误差，多巴胺神经元不会激活；如果我们预期没有奖赏，此时却出现了奖赏，或者出现的奖赏比预期的多，此时多巴胺神经元激活；如果我们预期有奖赏，奖赏却没有如期出现，或者出现的奖赏比预期的少，此时多巴胺细胞活动会被抑制。我们的大脑就是使用这样的方式实现“学习”：不断根据反馈调整自己的预测，实现更准确的预测。

多巴胺不仅掌控着我们获取食物和水，维持基本的生存，而且控制着我们一切目标导向的行为，如努力学习以提高成绩，追求事业成功，攒钱买房、买车，爱情也不例外。原本一个人的生活，由于另一个人的加入而变得生动有趣。恋人的出现像魔法一样点亮了两个人原本暗淡的生活，而多巴胺参与了这一魔法过程。当热恋中的人彼此凝视，大脑中富含多巴胺细胞的区域变得活跃。此时，如同成瘾一样，其他异性、其他事物都变得不那么重要，他们愿意为获得恋人的青睐、取悦对方、获得与恋人共度余生的机会而努力。阻挡他们在一起的障碍，如同猴子实验中不确定会不会出现的食物，促使神经元分泌更多的多巴胺，使他们更努力地维护并珍惜这份感情。罗密欧和朱丽叶想要在一起，由于父母的干涉，这份感情危在旦夕，多巴胺使年轻的罗密欧和朱丽叶坚定了“就算全世界与我为敌，我都要爱你”的决心。

随着时间的流逝，轰轰烈烈的爱情也会趋于平淡。当恋人渐渐习惯彼此，原本充满惊喜的约会被日常生活中的吃饭、看电视、做家务取代。新鲜感消失殆尽，此时他们不再感受到对恋人狂热的迷恋，恋人也不再每分每秒都占据着彼此的生活，世界似乎恢复到相识之前的平静状态。就像习惯了每次都出现食物的猴子一样，按规律出现的食物不再像最初一样能够激活多巴胺的分泌，不过这不妨碍它们享用食物。

度过热恋期后，多巴胺不再活跃，这并不是因为恋人们不再相爱，而是因为他们的大脑已经熟悉了这种生活，对往昔会带来惊喜的对视、拥抱和亲密行为习以为常，多巴胺水平有所下降，回归日常水平。当然，仍然可以通过安排一些特别节目，如特别的约会、出游来唤醒激情，但接下来主要起作用的是其他激素，如催产素和升压素，这些激素将恋人们牢牢地黏合在一起。

## 血清素与幸福

多巴胺并不是人们普遍认为的“快乐激素”，血清素可能更符合这一称号。

血清素（serotonin）也称五羟色胺（5-HT），当它在大脑中作为一种神经递质存在时，对调节情绪、食欲和睡眠有重要作用。尤其是情绪，大脑中正常水平的血清素可以让我们感到愉快，情绪稳定并减少焦虑。血清素水平过低对情绪有负面影响，通常会伴随着抑郁、焦虑、强迫行为。抑郁症患者的血清素水平就较低，而血清素还调节睡眠和食欲，这也是为何抑郁症患者还常患有睡眠障碍和饮食障碍，如过分嗜睡，或者毫无胃口，或者暴饮暴食。很多抗抑郁的药物也是作用于血清素的，一定强度的有氧运动也可以促进血清素的分泌（有氧运动因而有助于抑郁症患者恢复健康）。

可能与大众的预期相反，刚进入热恋期的恋人通常会出现血清素水平降低的现象。类似的血清素水平的降低会出现在一些精神疾病中，如强迫症、抑郁症、焦虑症等。研究者认为，恋爱早期伴随着与强迫症类似的症状，如焦虑、压力感和强迫性或侵入性思维。甚至有研究者认为，恋爱早期阶段可以被视为轻度强迫症发作（De Boer，van Buel，& Ter Horst，2012；Zeki，2007）。这个观点听起来有点骇人听闻，毕竟恋爱是每个人都可能经历的事。但是仔细审视一下恋爱体验，你就不觉得奇怪了：刚陷入热恋的人会不受控制地时刻都挂念着恋人，情绪时而高昂，时而低沉，会因为恋人的一个动作、一个表情而心生疑虑，会因为对方偶尔没接电话、没回短信而心情低落。

大脑中的神经递质通常不是独立运作的，而是互相协作或互相制约，共同起作用的。血清素和多巴胺就是这样，多巴胺水平的上升通常伴随着血清素水平的下降，而血清素水平的上升也会抑制多巴胺的生成。恋爱早期，多巴胺水平上升，恋人们动力十足，想方设法地与心爱之人共度时光；同时血清素水平下降，大脑只能装下心爱之人，出现一种在旁人看来极不理智、痴迷于对方的状态，也就是通常所说的陷入情网、坠入爱河的状态。好在这样的状态不会一直持续下去，研究者发现，12—18 个月后，血清素水平已经上升到正常水平，而多巴胺也下降到正常水平。此时，恋人们情绪逐渐稳定，不再为爱痴狂，开始更能体会恋爱中的“小确幸”。

## 性激素与欲望

男人来自火星，女人来自金星，男性和女性似乎天生不同。在卵子受精的那一刹那，受精卵的性别就已经由基因决定了。人类一共有 23 对染色体，其中 1 对是性染色体。男性的性染色体为 XY，女性的性染色体为 XX（见图 7.2）。来自母亲的卵子携带 X 染色体，而来自父亲的精子携带 X 或 Y 染色体。如果携带 X 染色体的精子和卵子结合，受精卵的性别就是女性（XX）；如果携带 Y 染色体的精子和卵子结合，受精卵的性别就是男性（XY）。

图 7.2　女性和男性的性染色体

### 性激素和性别分化

胚胎在发育早期并不会出现性别分化，每个胚胎都有发育出男性或女性生殖器官的潜力。此时每个胚胎有一样的原始性腺结构，默认为“女性”躯体编码。直到受精后的第七周，男性 Y 染色体使得原始性腺发育成睾丸，而女性没有 Y 染色体，原始性腺将按“默认设置”自动发育成卵巢。睾丸分泌雄性激素睾酮，刺激男性生殖管（沃夫氏管系统）的生长，发育出男性生殖器官（如精囊、输精管），并抑制女性生殖管（穆勒管系统）的发育。如果没有睾酮的抑制，胚胎的女性生殖管就会发育为女性生殖器官（如子宫、输卵管），而男性生殖管的发育同样会受到抑制。胚胎的外生殖器的发育同样受睾酮的影响，如果在发育的关键时期存在睾酮，就会发育出男性外生殖器；如果没有睾酮的刺激，就会发育出女性外生殖器。

婴儿出生时，已经具有明确的性别。但直到青春期前，儿童循环系统中的性激素（包括雄性激素和雌性激素）水平都很低，这使儿童虽然具有明显的性别特征，但生殖系统发育尚未成熟，性别分化也没有最终完成。青春期开始后，性激素激增，第二性征开始发育，生殖器也发育成熟。男性体内的雄性激素升高，体毛增多，喉头变大，声音低沉，肌肉组织增多；而女性体内的雌激素升高，胸部开始发育，体内脂肪增加，身体轮廓变得圆润。

经历了青春期的第二次性别发育，男性和女性的性别差异趋于稳定。在性别的分化中，性激素起重要作用。性激素对于成年男性和女性维持正常生理功能也非常重要，还在性行为中扮演重要角色。虽然性激素被冠以“雄性”和“雌性”之名，但它们并不是对立的。男性的睾丸和女性的卵巢都可以释放睾酮和雌二醇，只是比率不同。男性体内雄性激素占主导地位，睾酮是最常见的雄性激素；女性体内雌性激素占主导地位，雌二醇是最常见的雌性激素。

**睾酮：男性性驱力和同性竞争**

性行为在众多心理学理论中都被认为是爱情的一个重要组成部分。在斯腾伯格的爱情三角理论中，激情之爱就是对某人有强烈的性感觉或浪漫感觉。很多研究都表明，睾酮和性驱力（sex drive，或译为性欲）也有重要关系。

男性的睾酮水平在成年时达到顶峰，随后会随着年龄的增长而逐渐下降。睾酮水平过低会减少性兴趣和性行为，甚至导致性功能障碍。用药物降低男性的睾酮水平可以抑制其性冲动，这种化学阉割的方法在很多国家（例如韩国、德国、美国等）是一种惩罚性犯罪者的手段（Lee & Cho，2013）。对于因睾酮分泌减少而造成的性兴趣降低和性功能衰退，注射睾酮也能使其恢复性驱力，重获性生活。

虽然睾酮过低会导致男性性驱力降低，但对健康的男性来说，正常水平的睾酮与性驱力没有直接关系，给正常男性注射睾酮也不会增加其性驱力。睾酮能够促进男性第二性征的发育，因此睾酮水平较高的男性通常有更明显的男性特征，如更强壮的身体、更男性化的面孔（如宽阔、方正的下巴，浓密的眉毛，棱角分明的脸型），这大概就是人们所说的散发着荷尔蒙气息的男性外表吧。

较高水平的睾酮不仅与男性化的外貌相关，而且与男性化的行为相关。长期以来，人们都认为高水平的睾酮和攻击、暴力行为相关。来自美国佐治亚州立大学的心理学家小达布斯（James M. Dabbs Jr.）及其同事采集了 692 名男性囚犯的唾液样本，测量了唾液中的睾酮含量（Dabbs Jr. et al.，2012）。他们发现，有性和暴力相关罪行的囚犯有较高的睾酮水平，远高于有盗窃、吸毒等罪行的罪犯的睾酮水平。同时，这类囚犯在监狱里也更可能违反各类规章制度。小达布斯的研究虽然证明睾酮水平和暴力行为有一定关系，但两者的因果关系并不明确。这个研究并不能说明到底是高睾酮水平导致暴力犯罪，还是暴力犯罪导致睾酮水平上升，或者这两者的关系是双向的。小达布斯还探究了睾酮水平和职业选择的关系，他发现两者有一定的关联。运动员、演员、蓝领工人的睾酮水平通常高于职员、牧师和传教士、脑力工作者的睾酮水平。

个体的睾酮水平并不是静态的，而是会根据外部情境的变化而快速波动。例如，在竞技赛事中获得胜利会使睾酮水平上升，与择偶相关的线索也能促进睾酮的分泌。研究者认为，睾酮的一个重要的作用就是应对求偶以及与求偶相关的同性间竞争（Wingfield et al.，1990）。虽然这一理论最初是用来解释鸟类的睾酮水平在交配季节升高这一现象的，但该理论同样可以应用于人类。

心理学家范德迈（Leander van der Meij）、本克（Abraham P. Buunk）、范德桑德（Johannes P. van de Sande）和萨尔瓦多（Alicia Salvador）的研究也证明了类似效应。他们邀请男性参与者（平均年龄为 21.8 岁）来实验室，然后找借口离开房间，只留下两名参与者在房间里。其中一名参与者是真正的参与者，另一名则是研究者安排的助手，假装成参与者。研究者离开房间 5 分钟，两人可以简短交谈。研究者给其中一半参与者安排了女性助手，给另一半安排了男性助手。结果发现，与女性助手交谈后，参与者的睾酮水平显著上升；与男性助手交谈后，参与者的睾酮水平没有变化。此外，观看女性面孔也能使年轻男性的睾酮水平升高（Zilioli et al.，2014）。这一系列研究说明，女性的出现能使男性的睾酮水平上升，这可能是为了应对与求偶相关的挑战。

支持这一假说的还有其他一些证据，例如，男性的睾酮水平在建立稳定的恋爱关系或结婚（Mazur & Michalek，1998）、成为父亲之后，也会相应地降低（Berg & Wynne-Edwards，2002）。因为此时男性面临的与择偶相关的同性竞争减少，睾酮水平不需要升高了。

**女性性驱力和生理周期**

对女性来说，雌激素所起的作用更复杂一些。卵巢除了分泌雌二醇之外，还分泌孕激素，最常见的孕激素是孕酮。卵巢也会分泌少量雄性激素，这些激素随着女性的生理周期呈现周期性变化。

女性的月经周期平均为 28 天，把月经开始的第一天作为一个周期的起点，通常女性会在整个周期的中点，即第 14 天左右排卵（见图 7.3）。从月经开始的第一天到排卵之前，这一段时间为卵泡期，此时雌二醇分泌逐渐增多，卵巢内的卵泡开始增长，几天后一个或少数优势卵泡快速增长，其他卵泡受到抑制。排卵之前，雌二醇和睾酮的分泌都达到顶峰。排卵后，卵泡转变成黄体，释放大量孕酮和少量雌二醇，孕激素水平上升，这一阶段为黄体期。如果卵子未受精，黄体就会凋零并停止分泌孕酮和雌二醇，而孕酮和雌二醇水平的下降会导致子宫内膜脱落出血，也就是月经，由此下一个月经周期开始了。女性的易孕期就是排卵日以及排卵日之前的 5—6 天时间，因为精子在女性体内存活时间较长，可以存活两三天，而卵子排出后存活时间较短，只有 1—2 天。在排卵日前一天受孕概率最高，这是因为精子需要一定时间游到输卵管壶腹部位，而卵子在刚排出时受孕概率较高。

处在生育年龄的健康女性周而复始地经历着月经周期。除了月经，在女性生理周期的不同阶段并没有其他明显特征。例如，大多数女性并不会察觉自己什么时候排卵，但体内激素的变化会调节我们的身体和行为。如果你是成年女性，你可能会察觉，在月经之后的一个

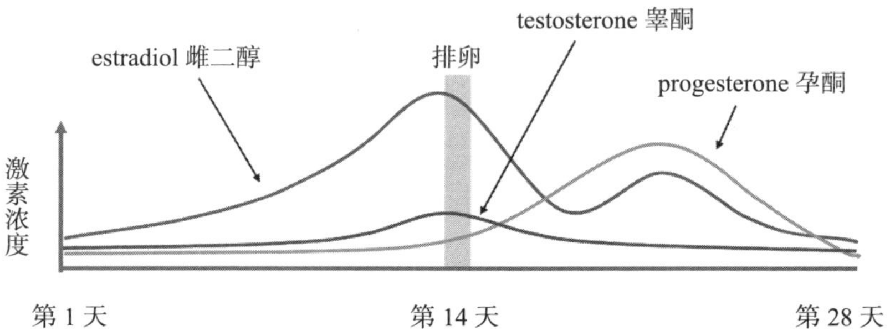


图 7.3　女性月经周期与性激素的周期性变化

星期里，你的皮肤会变得更光滑、红润，这是雌二醇的功劳。在后半段卵泡期，你的受孕概率上升，身体也为可能到来的性行为作准备。此时你精力充沛，更愿意打扮自己，花更多的钱购买打扮自己的东西（Saad & Sternstrom，2012）。而在黄体期，你的基础体温上升，孕激素的上升使身体为可能发生的怀孕作准备。你会更容易感觉饥饿，花更多的钱在食物上（Saad & Sternstrom，2012）。你的身体在为怀孕作准备，因此你的皮肤不像卵泡期那么红润，你会更容易长痘痘，更容易吃得更多，睡得更多。

或许你经历了不少生理周期，但没有感觉到上述现象或变化。即使你没有感觉到，这些激素仍然可能左右你的行为。哺乳动物通常只在排卵时性交，人类的性行为虽然不局限于排卵期，但人类女性的性驱力恰巧在月经周期的中期达到高峰，此时受孕概率最大。

至于究竟是何种激素调控女性的性驱力，却存在一些争议。一些研究者认为，与男性一样，女性的睾酮调节女性的性驱力（Morris et al.，1987）；也有研究表明，雌二醇，而非睾酮，调节女性的性驱力（Roney & Simmons，2013）。如图 7.3 所示，睾酮和雌二醇都在排卵之前达到峰值，这也许是研究结果不一致的原因。究竟是哪一种或几种激素共同调节女性的性驱力，还有待进一步研究。上述研究结果告诉我们，虽然人类已经没有明显的发情期，但一些生理机制还是会推动人类在“合适”的时间发生性行为，以实现种族的繁衍。

## 催产素与依恋

爱情不仅是性的欲望、两性的吸引，更是长久厮守。这个世界上两个原本不相识的陌生人，因为爱情互相了解，建立亲密、稳固的关系，一起分享喜悦，承担风雨。

为何人类会形成这种并非源自血缘的亲密关系？进化心理学家当然还是旧答案：为了更好地抚养后代。长期、稳定的亲密关系有助于后代的成长，而人类的婴幼儿比绝大多数哺乳动物幼崽更需要细心照料。大多数人类社会都实行一夫一妻制。一夫一妻制并不意味着人的一生只能有一个伴侣，很多人会与伴侣分手或离婚，再次组建家庭。生物学家使用“社会一夫一妻制”（social monogamy）来描述这种关系，即人们以夫妻或情侣的形式生活，但这种关系并不一定是永久的，人们有时也寻求其他性行为。

社会一夫一妻制在自然界并不常见。为何人类会产生这个我们称之为“爱情”的东西，将原本毫无关系的两个人捆绑在一起？对这一问题的研究关注了一种生活在北美中西部草原的田鼠——草原田鼠（prairie vole）。20 世纪 70 年代开始，美国伊利诺伊大学的生物学家盖茨（Lowell Getz）和休·卡特（Sue Carter）着手研究野生草原田鼠种群。他们发现，草原田鼠在交配后仍然长期生活在一起，还会一起抚养后代，甚至一起度过余生。草原田鼠的这种伴侣纽带在哺乳动物中是罕见的，这种关系像人类爱情的雏形：在交配之前，草原田鼠到处交友，而在交配之后，草原田鼠会寻找更安全的家，抚养后代。雌性草原田鼠哺乳时，雄性草原田鼠负责寻找食物，帮忙照顾、保护后代。

草原田鼠的近亲——山区田鼠（montane vole），虽然在基因上与草原田鼠相似，在很多方面也相似，但在与伴侣相处的模式上却大相径庭。山区田鼠有很多性伴侣；雄性山区田鼠在交配后会离开并另寻新欢，雌性山区田鼠负责照顾后代。相比草原田鼠为幼崽提供的无微不至的照顾，雌性山区田鼠对幼崽的照顾也要少得多。

究竟是什么使这两种相似的田鼠在“婚恋”方面存在如此大的差异？又是什么使草原田鼠如此特殊？研究者希望通过研究草原田鼠来了解人类的一夫一妻制和伴侣关系。无论是草原田鼠还是山区田鼠，交配时大脑都会分泌多巴胺和催产素，多巴胺能激活奖赏系统，可以让草原田鼠将交配与奖赏联系起来。与其他田鼠不同的是，草原田鼠大脑中的伏隔核（nucleus accumbens）有大量的催产素受体，交配释放的催产素激活催产素受体，这对于形成感情纽带至关重要。如果给草原田鼠大脑中的伏隔核注射催产素拮抗剂，以阻止催产素受体和催产素的结合，草原田鼠就不会形成一夫一妻制的伴侣关系，变得与其他田鼠一样。

催产素（oxytocin）最有可能是“爱情激素”（Carter，1988）。顾名思义，催产素在女性分娩的过程中起重要作用，它能促使子宫收缩和分娩，还能催乳。婴儿吮吸母亲的乳头，刺激催产素的分泌，进而促进乳房分泌乳汁。催产素还能使母亲爱抚、拥抱、哄逗孩子，在危险时保护孩子。也就是说，催产素对于母婴纽带（mother-infant bond）的形成至关重要。

催产素还影响人们的日常生活。男性和女性体内都有催产素，但一般来说，女性体内的催产素水平要高于男性。在恋爱时，十指交握、拥抱、亲吻等亲密行为能促进催产素的释放，而在性行为和性高潮后，催产素的释放达到顶峰。

高催产素水平能使人们更愿意信任他人。2005 年，来自苏黎世大学的研究者科斯费尔德（Michael Kosfeld）等人在《自然》期刊上发表了一项研究，用实验方法探究催产素对人际信任的影响。他们招募男性参与者参加实验，一半参与者使用含有催产素的喷雾，对着鼻子给药，这能使催产素通过血脑屏障进入大脑。另一半参与者则使用没有药物的喷雾，作为安慰剂。参与者随后参与一个叫作“信任博弈”（trust game）的游戏。这个游戏需要两个玩家，分别是投资人和受托人。投资人将首先得到一定数额的金钱（如 10 元），他要决定是否向受托人投资。如果他投资给受托人，这笔钱将乘以一定倍数 N（如 4 倍），受托人将收到 N 倍的投资金额（40 元）。此时由受托人决定是否回馈一定数额的金钱给投资人（如回馈 20 元）。当投资人选择投资且受托人选择回馈时，两人都将获得较好的收益（分别获得 20 元）；当投资人选择投资但受托人不回馈时，投资人将承受损失（0 元），而受托人收益最大（40 元）。当投资人不投资时，投资人的收益为初始分配金额（10 元）。因此，在信任博弈中，投资人选择向受托人投资将承担一定风险（见图 7.4）。

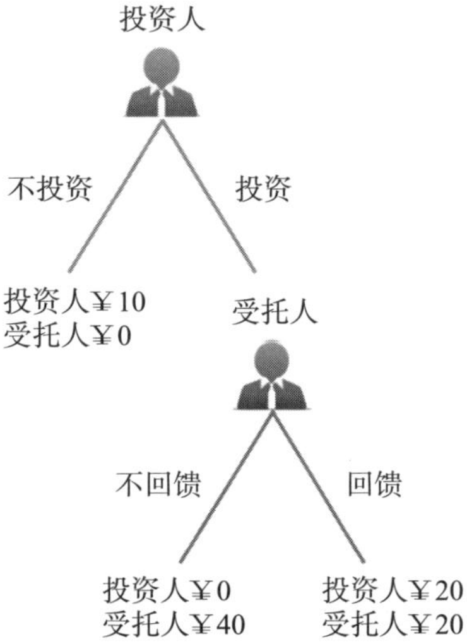


图 7.4　信任博弈任务示意图

根据经典的纳什均衡（Nash equilibrium），投资人应当选择不投资；相应地，假如投资人选择投资，受托人应当选择不回馈（Nash，1950）。然而，大量实验研究表明，不仅大多数投资人会选择投资，而且大多数受托人会选择回馈（Fehr & Fischbacher，2003；Johnson & Mislin，2011）。科斯费尔德发现，接受催产素喷雾的男性参与者在信任博弈中向受托人投资更多的金钱，但催产素对受托人的互惠行为没有影响。这一结果说明，催产素使人们更愿意承担被背叛的风险，更信任他人。

催产素不仅能增进人际信任，拉近人与人之间的距离，还能促进恋爱关系中伴侣纽带的形成。在 2013 年发表于《美国国家科学院院刊》上的一项研究中，来自德国波恩大学的舍勒（Dirk Scheele）等研究者用催产素喷雾操纵人们的催产素水平，探究其对情侣纽带

（partner bonds）形成的作用。研究者招募了处于稳定恋爱关系中的男性参与者，或使用催产素喷雾提高其大脑中的催产素水平，或使用安慰剂。随后对参与者的大脑进行功能核磁共振扫描，扫描的同时呈现他们伴侣的照片和其他女性的照片。结果发现，接受催产素的男性认为自己的伴侣比其他女性更有吸引力，但实际上，实验中选取的其他女性与他们的伴侣的吸引力相同，这些男性只是选择性地对伴侣有正面偏见。功能性磁共振扫描结果也发现，接受催产素喷雾的男性在观看伴侣照片时，大脑中的奖赏环路更活跃，包括中脑腹侧被盖区和伏隔核。这些脑区富含多巴胺，催产素可能促进多巴胺的分泌。催产素和多巴胺的共同作用，促进排他性伴侣纽带的形成。

在恋爱过程中，亲密的身体接触，如拥抱、亲吻都能促进催产素、多巴胺的分泌，这些激素的分泌在发生性行为时达到顶峰，促使伴侣形成稳固的排他性纽带。但亲密行为不一定总能形成伴侣纽带，有很多原因可能导致伴侣纽带非常脆弱，甚至无法构建，其中一个可能的原因就是雄性激素睾酮。睾酮和催产素的作用似乎是相反的，催产素促进人际关系，增进人际信任，而睾酮减少人际信任，让人充满敌意；催产素促进伴侣纽带的形成，而睾酮推动求偶中的同性竞争。有研究表明，睾酮能够阻断催产素和受体结合（Insel et al.，1993），而男性体内的睾酮水平较高，这可能是女性总比男性更容易形成伴侣纽带的原因之一。男性在形成固定、稳定的长期伴侣关系或结婚之后，睾酮水平会降低，这有助于催产素发挥作用，巩固伴侣纽带。

## 升压素与守护伴侣

同催产素相似，升压素（vasopressin）对伴侣纽带的形成有重要作用。升压素和催产素都是在下丘脑中合成并从垂体后叶分泌的神经肽，两者的化学结构非常相似。升压素的主要功能是调节尿液浓度和动脉血压，当然，除了上述生理功能外，它也助推依恋关系的形成。

研究者对升压素的社会性功能的认识同样来自草原田鼠。草原田鼠会形成稳定的伴侣关系，一对对地共同居住（共享一个地洞），共同抚养后代。研究发现，相比其他田鼠，草原田鼠的前脑中分布有更多的催产素和升压素的受体。如果这些受体被阻断（此时催产素或升压素无法发挥作用），草原田鼠对伴侣的依恋就会消失。这说明，催产素和升压素在社会一夫一妻制的形成中至关重要。

社会一夫一妻制除了表现为对特定伴侣形成依恋关系之外，还表现为对陌生闯入者的攻击行为，以保卫巢穴和守护伴侣（守护伴侣和保护伴侣略有不同，其主要目的是防止其他雄性与自己的伴侣接近并交配）。大量研究表明，催产素诱发正面的社会行为，促进伴侣依恋关系的形成，而升压素更有可能诱发社会一夫一妻制中的防御行为。相关动物研究也发现，升压素能诱发领地防御性攻击行为（Ferris et al.，1984）。如果雄性的升压素的受体被阻断，就会减少雄性的守护伴侣行为。

当然，以上是研究者基于动物实验结果对升压素作用的猜测，这一结果是否适用于人类还有待进一步探究。升压素如何影响人类社会行为的研究尚处于起步阶段，初步研究表明，升压素可能确实促进攻击行为。日本东京大学的川田淳（Atsushi Kawada）等研究者使用含有升压素的喷雾探究升压素对攻击行为的影响。他们招募了一批男性和女性参与者，一半参与者使用含有升压素的喷雾，升压素能够通过血脑屏障进入大脑；另一半参与者使用没有药物的喷雾，作为安慰剂。随后，参与者都完成一个先发制人游戏（preemptive strike game），这是一个在实验室中诱发攻击性的游戏（见图 7.5）。在这个游戏中，两人为一组，完成多轮游戏。在每一轮游戏中，每个参与者都有 15 秒的时间，在这 15 秒中既可以什么都不做，也可以点击红色按钮。如果两个人都选择不采取任何行动，就都可以得到最多的钱（如 30 元）。如果其中一个人先点击红色按钮，就会受到一定惩罚（如获得 25 元，而不是 30 元），而另一个人无论有没有采取行动，都将损失大部分钱（如仅获得 5 元）。研究结果发现，相比安慰剂组，使用升压素的参与者更有可能点击红色按钮，表现出更高的攻击性。这种效果同时出现在男性和女性参与者身上，也就是说，升压素的影响不具有性别差异。

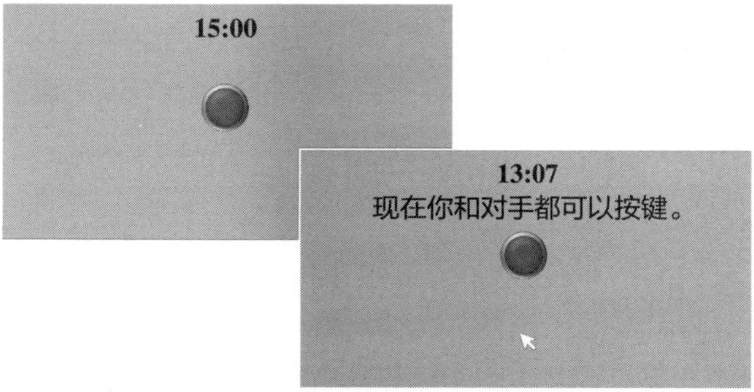


图 7.5　先发制人游戏图示

## 分手：会呼吸的痛

爱情有多美好，失去爱情就有多痛苦。如果经历过分手，你就会知晓分手带来的痛苦有多刻骨铭心。为何分手会如此折磨人？分手后，我们会有什么样的体验？心理学家为这些问题提供了一些答案。

### 分手带来的抑郁症状

毫无疑问，分手会让人情绪低落，但对于其中一部分人，分手带来的伤害远远不止于此。美国迈阿密大学的研究者调查经历过分手的大学生，发现刚分手的大学生会出现一系列症状，包括浸入性思维和睡眠障碍。浸入性思维指持续不断、无法控制地被某些想法占据大脑。分手的人比恋爱时更疯狂地被恋人占据大脑，不断回想过去的点滴，也想象着如果没分手，此刻自己与恋人会如何，如果再做点什么，是不是就可以挽回……这些侵入性思维的危害之一就是失眠，无法入睡，胡思乱想。

分手还会导致抑郁症状。在一次大规模创伤事件调查中，分手是“最坏事件”中提名最多的一项，同时是抑郁症的前瞻性危险因素之一（Monroe，1999）。焦虑通常伴随着抑郁症状一起出现。在一项近期研究中，研究者埃韦哈伦（Anne M. Verhallen）调查了刚分手不久（6 个月内）的人，发现他们在抑郁症量表上的得分高于没有经历分手的人。分手人群中有 26.8% 的人出现严重的抑郁症状，这一比例远远高于单身或正在恋爱的人。这些症状可以分成两类，研究者将第一类称为“突然的失去”( sudden loss )，将第二类称为“积极情绪的缺失”( lack of positive affect )。“突然的失去”包括因意外分手产生的被背叛的感觉、被拒绝的痛苦、愤怒及悲伤；“积极情绪的缺失”表现为分手后感到绝望，缺乏积极情绪体验。

研究者还发现，分手时女性的抑郁症状要比男性严重；而在恋爱的人群中，男性和女性在抑郁症相关量表上的得分没有显著差异。进一步的分析发现，男性和女性在第一个维度“突然的失去”上，其表现没有差别，但在第二个维度“积极情绪的缺失”上，女性更容易出现无法体会积极情绪的症状。

**分手的阵痛**

分手就像一把刀，在人们的心头划了一道看不见的伤口，这种痛苦同物理伤害给我们的身体带来的痛苦一样，强烈而真实。现在，请你想象两种痛苦：第一种是你不小心割伤了手指，伤口有点深，流了很多血；第二种是你不小心看到了前任的照片，你不想回忆那些不愉快的往事，因为分手时你受了很大的打击，此时你仍然能感受到强烈的“疼痛”。前一种痛苦来源于身体受到的伤害，提示我们要采取措施保护身体，免遭进一步伤害；而后一种痛苦出现时，我们的身体完好无损，但我们仍然感受到疼痛。这两种疼痛一样吗？

来自美国密歇根大学的心理学家克罗斯（ Ethan Kross ）等人的研究为这个问题提供了答案。他们使用功能性磁共振成像的方法，探究人们感受到这两种痛苦时，大脑的反应是否相同。结果发现，无论是失恋还是物理伤害引发的疼痛，在大脑激活模式上都非常相似。两种痛苦都激活了大脑中的背后侧脑岛（ dorsal posterior insula ），这一脑区被认为与身体疼痛的感觉表征有关。这也是为何人们在失恋时能感受到“切肤之痛”，虽然失恋没有伤害身体，但人们感受到的痛苦是真实的。

**分手带来的戒断反应**

爱情发生时，人们常有一系列“症状”：极度的渴望，喜悦和绝望的交替，因失去爱人而产生危险想法和行为……这些都与成瘾现象相似。恋爱和成瘾确实有某些相同的行为表现，但这两者有很大的不同，起码大多数人一生中都会有一次恋爱经历，但绝大多数人不会有药物、毒品或赌博成瘾经历。

不可否认，恋爱与成瘾行为在生理上有相似之处。恋爱时人们会经历很多生理变化，如体内激素和神经递质，包括多巴胺、催产素、升压素、血清素等的变化，大脑的奖赏系统也会异常活跃。这些与药物成瘾导致的生理变化很相似，但恋爱更可控。一些心理学家认为，应当区分两种爱情方式——成熟的爱情和不成熟的爱情（Sussman，2010）。成熟的爱情能使双方一同成长，提升自我和幸福感，而不成熟的爱情更像一场权力的游戏，双方或一方想占有对方，担心对方是否忠诚，或一方依附另一方，有强烈的焦虑和不确定感，这才与成瘾相似。

另一个相似之处是，无论是爱情还是成瘾，当无法继续得到时，都会产生强烈的戒断反应。戒断反应指反复、长时间使用某种药物后，停用或减少药物时出现的一系列症状，如烦躁、焦虑、注意力不集中、失眠、出汗等，甚至会有幻觉、意识丧失等严重症状。研究发现，失恋带来的一系列症状同咖啡因、酒精、尼古丁等物质成瘾产生的戒断反应很相似。

这从一个侧面说明，恋爱本身就是一种成瘾行为。将失恋带来的痛苦、焦虑、失眠等视为戒断反应，更能帮助我们走出失恋的阴影。毕竟，你如此痛苦并不是因为你离不开前任，也不是因为前任是你的最爱，而仅仅是因为你刚刚失去了一段恋情，就像戒烟、戒酒、戒咖啡一样，你的身体还需要一段时间来适应这个变化。

# 第八章

# 依恋类型与恋爱关系

心理咨询师在处理来访者的困惑或问题时，常常将矛头指向来访者的孩童时期。很多心理咨询理论都认为，孩童时期的经历并不会随着年龄的增长而逝去，而是会时时刻刻影响成年后的生活，以另一种形式存在于我们的生活中。童年生活无疑会影响成年之后的恋爱和婚姻，而人们在幼儿时期与主要养育者（如母亲）之间形成的依恋关系更成为一种行为模式，影响着人们发展其他人际关系。

## 母爱的本质

### 可怕的罗马尼亚孤儿院

20 世纪 50 年代以来，罗马尼亚的人口出生数量快速下降，在 1966 年达到最低值。为了应对人口的急剧下降，罗马尼亚政府颁布相关法案，宣布每对夫妻至少要生 4 个孩子，非特殊情况下的避孕和堕胎都属于违法。该法令的直接后果是出现巨大的婴儿潮，导致大量儿童因父母无力抚养而被送往孤儿院。这些孤儿院大多是为了应对这一需求而紧急设置的，缺乏合理的设计和足够的人手。儿童在拥挤、狭小的空间里生活，工作人员按照时间表照顾他们，按时起床、喂食、换尿布。由于人手缺乏，经费不足，大多数时间儿童都无人照料，他们的需求很少得到工作人员的回应。这些儿童整天沉默地盯着墙或天花板，身体不断前后摇摆以打发时间。

孤儿院容纳了成百上千的儿童，却异常安静。即使是新来的儿童，也只在最初的几个小时里哭泣，当他们的哭泣得不到回应，很快就不再哭泣，变得与其他小孩一样安静。

虽然能满足基本的生理需求，但从小在这样缺乏笑脸、爱抚和照顾的环境下生长的孩子能否健康地长大成人呢？2007 年发表在《科学》期刊上的一篇文章记录了布加勒斯特早期疗育计划（Bucharest early intervention project），在该计划中，来自哈佛大学的神经科学家和心理学家纳尔逊（Charles A. Nelson）、杜兰大学医学院的儿童精神病学家泽纳（Charles H. Zeanah）和马里兰大学的发展心理学家福克斯（Nathan A. Fox）等人，对罗马尼亚布加勒斯特孤儿院的孤儿进行了长期跟踪研究。

布加勒斯特早期疗育计划选取了 136 个孤儿院中的健康儿童进行研究，这些儿童的年龄都小于 31 个月，其中随机选取 68 名儿童继续留在孤儿院（孤儿院组），另外 68 名儿童被收养（收养组）。在研究开始时，这些儿童的智力发展水平都显著低于当地社区正常家庭的儿童（社区组）。42 个月后，收养组儿童的智力发展水平显著高于孤儿院组的儿童，但仍然低于当地正常儿童的智力发展水平。54 个月后，这样的差异依旧存在（见图 8.1）。早年缺乏爱的交流和互动对于智力发展和心理健康的影响可能持续一生，而改变环境、进入收养家庭可以在一定程度上减少这种恶劣影响，却仍然不能弥补早年爱的缺失（Nelson et al.，2007，2009）。

**爱的本质**

幼年时期在罗马尼亚孤儿院中的生活经历，给儿童的认知与语言功能的发展带来不可磨灭的不良影响。这样的影响究竟来源于营养和卫生条件不足，还是来源于缺乏爱护和关怀？来自美国威斯康星大学的发展心理学家哈洛（Harry F. Harlow）用刚出生不久的小猴子进行

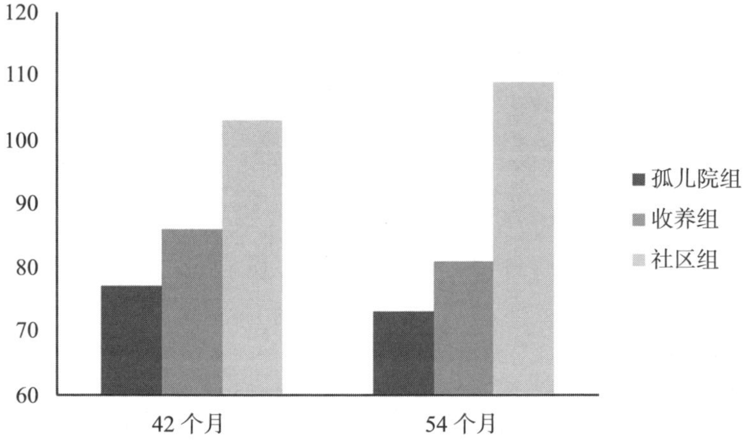


图 8.1　儿童的认知发展水平

（注：42 个月时使用《贝利心理发展指数》作为认知发展水平的指标，该指标与智商分数类似。54 个月时使用《韦氏智力量表》测量智商，作为认知发展指标。来源：Nelson et al.，2007，2009）

了一项实验，证明了幼年时期的安抚和关爱与食物一样重要。

哈洛发现，恒河猴在婴儿时期会对柔软的毯子或垫子产生依恋。在没有母亲照料的情况下，研究者会按时喂食，提供生存的必要物质条件。但是如果幼猴的笼子里没有柔软的毯子或垫子，幼猴就会变得焦虑和不安。如果幼猴能接触到毯子或垫子，就会更健康、更安心。幼猴似乎有一种对柔软事物的需求，为了验证这个猜测，哈洛制作了两个不同的“代理母猴”。一只由铁丝网制作，称为“铁丝母猴”；另一只由木头制作，用海绵和布料将木头包裹起来，称为“布母猴”。除了材质不同，两只代理母猴在大小、形状上都很相似。

哈洛将幼猴与两只代理母猴放在一间房间里，探究幼猴更愿意和哪一只代理母猴待在一起。他还给代理母猴安装了奶瓶：一种情况下，铁丝母猴安装了奶瓶，布母猴没有奶瓶；另一种情况下，布母猴有奶瓶，铁丝母猴没有奶瓶。在都没有奶瓶的情况下，毫无疑问，幼猴会更偏爱布母猴，因为柔软的布料能给幼猴安全感。但如果只有铁丝母猴能提供乳汁，幼猴会因为食物选择铁丝母猴吗？实验结果非常明确，无论是哪一只代理母猴提供乳汁，幼猴都愿意依偎着布母猴。即使是由铁丝母猴喂养的幼猴，也只会在喝奶时短暂地和铁丝母猴待在一起。只要进食结束，立即就回到布母猴身边。这个结果说明，对幼猴来说，并不是“有奶便是娘”。由铁丝母猴喂养的幼猴并不会因乳汁就依偎在“她”身旁。虽然铁丝母猴提供了食物，但布母猴柔软的触感使幼猴感到温暖和安全。

当然，幼猴愿意依偎布母猴，不足以说明幼猴把布母猴当成母亲。于是，哈洛进一步探究布母猴的存在对于幼猴的意义。哈洛认为，母爱能给我们安全感，当幼儿害怕时，总是寻找母亲以获得安慰。为此，哈洛在实验中制造了恐惧的情景，例如在幼猴面前放上一个会打鼓的玩具熊。幼猴受到惊吓后迅速跑向布母猴，抱住布母猴以寻求安慰和保护。同样，幼猴无论是在铁丝母猴还是在布母猴处吃奶，受到惊吓后都是跑向布母猴，而不是铁丝母猴。

哈洛还设计了“旷场实验”：把幼猴放在一个陌生的环境中，观察铁丝母猴或布母猴在场时幼猴的反应。通常而言，即使身处陌生环境中，如果儿童的父母在场，儿童就会对周围环境充满好奇心并积极探索；如果父母不在场，儿童会有焦虑、害怕情绪，减少探索行为。在这个实验中，幼猴出现类似行为：当布母猴在场，幼猴立即跑向布母猴，抱住布母猴以寻求安慰，随后放松下来，开始试探性地探索新环境，然后又返回布母猴的怀抱，如此循环反复。而当布母猴不在场，幼猴就会害怕、哭叫并缩成一团。铁丝母猴是否出现不会影响幼猴的行为。以上现象出现在所有幼猴身上，无论它们是由铁丝母猴还是由布母猴喂养。

哈洛的研究结果为人们理解爱的本质提供了新视角。当时的心理学研究领域流行行为心理学的观点，认为母婴关系的建立仅仅是因为母亲能提供婴儿生存所需的食物，是喂养行为导致的强化促成了母婴纽带的形成。而哈罗证明了母爱不仅仅来自食物，婴儿和养育者之间的亲密身体接触和互动能为婴儿提供必要的“接触安慰”（contact comfort），这对婴儿的健康成长起关键作用。

## 儿童依恋类型

哈洛认为人类和猴子一样，在满足基础的生理需求（如饥饿和口渴）之外，还需要接触安慰，以获得安全感。在其实验中，接触安慰的作用甚至比母猴提供的乳汁更重要。生活在罗马尼亚孤儿院中的儿童得不到养育者的回应与抚慰，其认知、语言、人际交往等多方面能力的发展都滞后或受损，成为人类社会的例证。英国心理学家鲍尔比（John Bowlby）梳理和总结了一系列研究，认为儿童和主要照顾者之间形成的情感联结对其发展至关重要，他提出发展心理学领域的重要理论——依恋理论（theory of attachment）。

受达尔文进化论的影响，鲍尔比认为婴儿与主要照顾者形成亲密的感情联结是一项进化而来的生存技巧。不仅人类精通这项生存技巧，其他动物也深谙其道。奥地利动物学家洛伦兹（Konrad Lorenz）就发现灰雁、绿头鸭和寒鸦等鸟类身上存在印刻（imprinting）现象

（见图 8.2）。这些动物的幼崽会在出生后紧跟着它们第一眼看到的较大的可移动的实体，认为这是自己的“母亲”，无论这个“母亲”与自己多么不同。洛伦兹有一张经典的照片，经常出现在教科书中：一群幼鹅排着队，紧跟着洛伦兹，显然是把洛伦兹当成了自己的母亲。印刻现象是动物的本能，在进化上具有重要意义，雏鸟在出生后第一眼看到的通常是自己的母亲，而跟随母亲能有效地得到保护和养育。相比鸟类的印刻现象，人类的母婴联结更加灵活。

图 8.2　动物的印刻现象

如果婴儿出生后得到父母的悉心照料，就会渐渐与最常照料自己的人形成依恋关系。婴儿知道自己的主要照顾者（如母亲）常伴左右，有问题时可以呼唤她，她总是关心、保护自己。形成这样的安全依恋关系后，婴儿会感觉到自己是被爱的、安全的、自信的，因而更愿意去探索外部世界，与其他人互动，因为他们知道，只要感觉到危险，时刻可以回到安全的怀抱。如果婴儿被迫与依恋之人分离，就会感受到分离焦虑。

发展心理学家安斯沃斯（Mary Ainsworth）进一步发展了鲍尔比的依恋理论，设计了一系列巧妙的实验，观察儿童表现出的不同依恋的类型。他采用了名为“陌生情景”（strange situation）的实验范式，对象为婴儿和他们的母亲，婴儿的年龄为1—2岁，处于这一年龄的婴儿不仅可以辨别自己的主要照顾者（如父母），而且发展出分离焦虑，但还没有像3—4岁的孩子那样，能理解依恋之人离开后还会回来，不会因为依恋之人的离开而过分沮丧。

陌生情景实验有一系列步骤。在陌生的环境中，儿童的主要照顾者（如母亲，下文中使用母亲来代替主要照顾者）和陌生人会进入或离开房间，不同的情境下儿童会体验到不同程度的压力，研究者将观察儿童在不同情境下的行为。这一系列步骤如下：

• 研究者向儿童及其母亲介绍实验室，说明这将是他们参加研究的场所。实验室中有一些桌椅和玩具，供儿童玩耍。

• 母亲和儿童独处。母亲就座，由儿童自行探索环境。研究者观察儿童在探索时与母亲保持的距离远近。

• 陌生人进入并与母亲谈话。研究者观察陌生人进入时儿童的行为反应（例如，不在乎陌生人的存在，或感到害怕，立刻接近母亲）。

• 母亲离开房间，儿童和陌生人独处。研究者观察母亲离开后，儿童是否会出现分离焦虑。

• 陌生人离开，母亲返回。研究者观察儿童对母亲的反应，例如儿童是否表现出不在乎，或对母亲离开表示愤怒，对母亲的返回感到开心。

• 母亲离开房间，儿童独处。研究者观察儿童会不会再次出现分离焦虑。

- 陌生人再次进入房间，安抚儿童。研究者观察儿童会不会因为陌生人的安抚而平静下来。

- 母亲再次返回，和儿童团聚。研究者观察此时儿童对母亲的反应。

基于儿童在以上情景中的反应，研究者将儿童分成三种类型，后续研究又增加了一种类型。这些类型反映了儿童和主要照顾者之间的依恋关系。

**安全型**

当母亲在场时，安全型（secure）依恋的儿童会积极探索陌生的环境，不过他们会不时地望向母亲，以确认母亲在场。在母亲离开房间时，他们会表现出分离焦虑。陌生人进入房间时，会表现出焦虑和躲避行为，但当母亲在场时，他们的焦虑情绪就会缓解，对陌生人的态度变得友好。当母亲返回，他们感到高兴。这是一种最常见、健康的依恋类型，大约 70% 的儿童的依恋类型都属于此类。当母亲能给儿童提供一个良好的成长环境，总是在儿童有需求时提供安抚和帮助，儿童就能形成安全型依恋。

**焦虑—矛盾 / 反抗型**

焦虑—矛盾 / 反抗型（anxious-ambivalent/resistant）是一种不安全的依恋类型。这种依恋类型的儿童在分离到来之前就表现得很苦恼。母亲在场时，他们不像安全型依恋的儿童一样探索周围的环境，而是紧紧跟着母亲，生怕母亲离开。母亲离开时，他们极度痛苦，害怕陌生人，情绪反应更激烈。母亲回来后，他们的情绪也很难平复。研究者认为这种依恋类型是由父母养育行为的不一致导致的。例如，父母有时支持并回应孩子的需求，但有时又可能因为某些原因置之不理。

**焦虑—回避型**

焦虑—回避型（anxious-avoidant）也是一种不安全的依恋类型。这种依恋类型的儿童在母亲在场时，与母亲交流较少，自顾自地玩玩具。在母亲离开时，未表现出分离焦虑。陌生人进入房间，他们也不害怕或抗拒，显得很平静。母亲回来后，他们也没有特别的反应，似乎对他们而言，陌生人和母亲没有太大区别。研究者认为儿童采用这种回避的行为策略是因为儿童经历过母亲（或其他主要照顾者）对其依恋行为的拒绝。这种拒绝不一定是忽略儿童的需求，而是忽略儿童的情感和依恋行为。父母有可能精心照料儿童，但忽视、拒绝或压抑儿童的情绪和感受。安斯沃斯的学生梅因（Mary Main）认为，这种回避行为有两种功能，一是保持一种与母亲的不完全接近（conditional proximity），使自己与母亲的关系既能足够近以获得保护，又能足够远以避免被拒绝；二是转移注意力，从而不关注自己与母亲亲近的需求没有得到满足。

**混乱型**

安斯沃斯在研究中发现，有一小部分儿童的行为表现和前三种儿童不一样，其学生梅因在后续研究中提出了第四种类型——混乱型（disorganized）。这种依恋类型的儿童行为不一致性，存在非常明显的矛盾行为。例如，既有与母亲亲近的需求，但在母亲亲近时又表现出明显的回避和反抗。研究者认为，发展出这种依恋类型可能与虐待或精神创伤有关。主要照顾者本身的生活中存在未解决的创伤性体验，例如母亲今天似乎心情很好，积极地回应儿童的需求，但明天就毫无预兆地情绪崩溃，对儿童不理不睬或大发雷霆。主要照顾者的行为前后不一致或存在虐待行为，使得主要照顾者对儿童来说既是恐惧的来源，又是唯一的安全来源。

国内学者胡平和孟昭兰使用陌生情景实验测评了北京儿童的依恋类型。在参与研究的母婴中（研究 1），安全型依恋占总人数的 53%，焦虑一矛盾 / 反抗型依恋占 27%，焦虑一回避型依恋占 13%，混乱型依恋占 7%。这一结果与西方的研究结果类似，虽然具体数值存在差异，但都是安全型依恋占比较高，其他的非安全型依恋占比较低。不过，此次调查中我国安全型依恋的儿童占比偏低，在美国、德国这一比值分别为 67% 和 62%，研究者认为在这些国家母亲在孩子出生后几年内，有更大的概率全职陪伴在孩子身边。而我国母亲产后工作的概率更高，孩子的主要照顾者一般是代理母亲（如保姆或祖父母），这样的生长环境可能不利于健康依恋关系的形成。

## 成人依恋类型与恋爱关系

婴儿与主要照顾者之间的感情纽带不仅仅影响婴儿的行为模式，更重要的是，它对婴儿以后的个性发展和人际互动模式都有重要影响。人类婴儿出生后，需要依赖父母或其他人的长时间照顾才能生存。为了满足自己的生理和心理需求，婴儿逐渐学会了与养育者之间的相处模式。这种相处模式是人们在人生中最早形成的最基础的内部工作模型，人们在长大过程中形成的对自我、他人和人际关系的认知都将以此为基础。从这个角度来说，生命早期形成的依恋关系在很大程度上将影响人生轨迹。

恋爱和婚姻在人的一生中有重要意义，而恋爱或婚姻关系与依恋关系有很多相似之处。情侣之间的关系很亲密，人们与恋人相处时感到安全，分离时感到伤心，这与依恋关系非常一致。研究者发现，幼年时建立的依恋类型很大程度上影响恋爱关系中的依恋类型。也就是说，一个人在生命早期与主要照顾者之间形成的依恋类型，将影响其成年之后重要的情感联结——恋爱关系的形成。研究者拓展了儿童依恋理论，发展出成人依恋理论，区分不同类别的成人依恋模式。成人依恋类型与儿童依恋类型一一对应，可见依恋类型在个体身上有很强的延续性。

**安全型**

在幼儿时期形成安全型依恋的人，会认为母亲的怀抱是安全的港湾，成年后他们也能在恋爱关系中获得足够的安全感。遇到不顺时，他们会向伴侣寻求慰藉。与伴侣分离时，他们会感到悲伤，重聚时会感到快乐。与母亲一样，伴侣是他们的心灵港湾，即使感情遇到波折，他们也相信对方，会携手共渡难关。安全型依恋的人对自己和他人都有积极的态度，认为自己是值得爱的，而他人也是值得爱和信任的。他们比较容易与他人建立友好的人际关系，渴望并愿意进入恋爱关系，能随着交往的深入逐渐建立亲密关系。在这样的恋爱关系中，伴侣可以自如地表达自己的感受、坦诚地交流，既享受爱情的亲密又能保留独立的自我和空间。

安全型依恋在人群中所占比例最高，大多数人都能在幼儿时期与母亲形成安全型依恋关系，这样的成长经历使他们在长大后更容易建立健康的恋爱关系和婚姻关系。

**专注型**

专注型（preoccupied）依恋有时也称焦虑型依恋，对应儿童依恋类型中的焦虑—矛盾 / 反抗型。这种依恋类型的儿童童年时就表现出对母亲的极度依恋，成年后，他们也过分关注恋爱关系，夸大其重要性，恋爱中的任何一点小事都能让他们担心、焦虑。他们对细节的解读在别人看来有点儿无理取闹："之前他每次结束电话之前都会说'爱你'，但为什么今天没有说?""为什么他没有及时回微信信息?""为什么今天他没有夸我好看?"专注型恋人总是很多疑，因为他们总在害怕失去这段感情，害怕恋人离他们而去，于是常常希望能与恋人更亲密，这样才能减少焦虑。因为过分解读细节，脑补一些不曾发生的事并可能向恋人宣泄负面情绪，最终常常出现最让他们害怕的结局。他们的恋人无法独处，不能拥有独立的空间，炙热的感情使双方感到压抑，无法呼吸。

如果你也看过美剧《老友记》，你一定会对罗斯和瑞秋的恋爱记忆犹新。罗斯和瑞秋分分合合，他们的恋情贯穿整个剧情。罗斯出现一些典型的专注型依恋行为，例如罗斯对瑞秋的新工作中的同事马克产生了强烈的嫉妒，作出一系列过激行为。罗斯先是找人将礼物送到瑞秋的公司，向瑞秋的同事展示自己作为男朋友的存在感。随后找理由亲自到访瑞秋的公司，误将马克与其女友的对话当成马克和瑞秋的对话，闹了不少笑话。罗斯和瑞秋还常常使用抗议行为，而非有效沟通来表达自己的不满。例如，当罗斯还爱着瑞秋时，他选择与其他人约会，希望用这种方式让瑞秋嫉妒。罗斯的嫉妒和多疑，源于他害怕失去瑞秋。

**冷漠型**

冷漠型（dismissing）依恋有时也称回避型依恋，对应儿童依恋类型中的焦虑—回避型。这种依恋类型的儿童在童年时与母亲的关系不亲密，成年后即使恋爱了，也会尽量降低恋爱关系的重要性。就像他们与母亲保持一定距离一样，他们与恋人也保持距离，以便随时全身而退。拥有一个冷漠型恋人会让人感觉他们没有全身心地投入感情，而是有所保留。他们习惯用理性的视角看待事物，对于恋爱也是理性多、感性少，恋人很难知道他们内心的感受。生活中他们非常独立，不依赖他人，在恋爱中也希望保持自己的独立空间和节奏。与专注型相反，他们常常想方设法地避免和恋人构建更亲密的关系，每进一步，他们就觉得暴露了自己更多弱点，会更容易受伤。可想而知，他们害怕承诺。不过，他们并非不渴望恋爱，不渴望建立亲密关系，只是习惯性压抑自己的感情，害怕真正进入恋情后又失去这一切。

《老友记》中的钱德勒就如菲比的心理咨询师男友评价的一样，有亲密关系上的问题——习惯用幽默与人保持距离。在与莫妮卡在一起之前，钱德勒的恋情总是不超过三个月，与吉安尼斯也是分分合合，因为他总是在出现一点小问题后就结束恋爱关系。为了避免争执，也为了避免恋情进一步发展，他总是选择回避问题，回到安全的单身状态。好在，在莫妮卡的引导下，钱德勒和莫妮卡勇敢地迈出脚步，最终快乐地一起生活。

**未确定型**

未确定型（unresolved）依恋对应儿童依恋类型中的混乱型。这种依恋类型的儿童与母亲的关系比较矛盾，在成长过程中经历了太多的无助、困惑等，更容易出现心理问题。恋爱关系想要发展下去，需要双方携手，一起解决遇到的困难，但这种依恋类型的恋人通常不具有健全、健康的心理机能，无法应对、处理恋爱关系中遇到的阻碍。由于无法有效处理问题，无法有效沟通，他们常常会用愤怒、发火来宣泄情感。他们希望与恋人更亲近，但同时又害怕关系更进一步，因为对他们来说，恋人既是安全感的来源，又是恐惧的来源。因此，他们有时表现得像专注型，全身心投入感情，有时又表现得像冷漠型，游离在感情之外。

成人依恋类型和儿童依恋类型可以一一对应，研究者也验证了不同成人依恋类型的人口分布与儿童依恋类型的人口分布大致一致。依恋类型虽然相对稳定，但也不是一成不变的。同时，以上列出的是不同依恋类型的典型行为模式，但在实际生活中，我们的行为模式可能以其中某一依恋类型的行为模式为主，有时表现出其他行为模式。例如，你也许是安全型依恋，但伴随一些冷漠型依恋倾向。或者，我们对不同伴侣表现出的依恋类型也有所不同。你可以回想一下自己的童年经历和感情史，看看自己的依恋究竟属于哪一类型。你也可以回想一下周围的人，他们恋爱中的行为模式更符合哪一类型。

## 依恋类型的代际传递

英国心理学家福纳吉（Peter Fonagy）等人的研究发现，母亲的依恋类型很大程度上能够预测子女的依恋类型。他们发现，安全型依恋的母亲的大多数（75%）子女也具有安全型依恋，同样，非安全型依恋（冷漠或专注型）的母亲的大多数（73%）子女也具有非安全型依恋。母亲和子女的依恋类型匹配程度达到 75%。来自荷兰莱登大学的冯伊森多伦（Marinus H. van IJzendoorn）对 18 个依恋类型的相关研究进行了元分析。元分析是对多个小样本研究的结果再次统计，以获得统计效力更大、更可靠的结果的一种统计方法。冯伊森多伦对 18 个研究中的 854 对亲子数据进行元分析后发现，父母的依恋类型与孩子的安全型依恋有 75% 的对应性。根据这些研究结果，研究者认为依恋模式具有一定的代际传递性。

显然，子女的依恋类型很大程度上取决于母亲对待子女的方式，而母亲对待子女的方式又很大程度上取决于母亲的依恋类型。美国爱荷华大学的儿科主任医师斯特拉森（Lane Strathearn）认为，不同依恋类型的母亲在亲子互动中表现出的差异不仅体现在行为上，也体现在母亲的大脑活动上。他使用功能性磁共振成像技术扫描母亲的大脑，观察她们看到孩子照片时的大脑活动情况。相比陌生的孩子，这些母亲在观看自己孩子的照片时，大脑中的奖赏系统更加活跃；相比非安全型依恋的母亲，安全型依恋的母亲在观看自己孩子的笑脸时，大脑中的奖赏系统更加活跃；冷漠型依恋的母亲在看到自己孩子哭泣的表情时，大脑中的脑岛（insula）更加活跃。脑岛在人们感受到疼痛和厌恶时会更加活跃，这一结果说明，冷漠型依恋的母亲看到自己的孩子哭泣时会产生不愉快的心理感受，回避自己的孩子。并且，冷漠型依恋的母亲在育儿中得到的奖赏也低于安全型依恋的母亲。

研究者还测量了母亲在亲子互动前后的催产素水平。催产素在女性的分娩、哺乳过程中起重要作用，还能使母亲亲近、爱抚孩子。研究者发现，安全型和非安全型依恋的母亲在与子女互动之前，两者的催产素水平没有差异。但与孩子一起玩耍后，相比非安全型依恋的母亲，安全型依恋的母亲的催产素水平上升更多。

威斯康星大学的心理学家弗列斯（Alison B. Wismer Fries）等人发现，依恋类型也影响儿童的催产素的分泌。还记得这一章提到的罗马尼亚孤儿院的孤儿吗？研究者研究了被美国家庭收养的罗马尼亚孤儿院的孤儿，这些儿童年龄约为四岁半，到达美国之前，他们在孤儿院平均生活了十七个多月。对照组选取了美国的同龄儿童。在实验过程中，这些孩子坐在母亲（或陌生人）的腿上玩电脑游戏，每隔一小会儿，母亲（或陌生人）和孩子会有一些亲密接触，如挠痒痒、摸头、在耳边低语等。研究发现，在玩游戏之前，被收养的儿童和对照组儿童的催产素水平没有差异。但对照组儿童在与母亲互动之后，催产素水平显著升高了；而收养的儿童在与母亲（实际上是养母）互动之后，催产素水平没有变化。

母婴依恋并不是人类特有的行为，很多动物也表现出类似的行为模式。加拿大神经内分泌学家尚帕涅（Frances A. Champagne）等人对老鼠的研究为理解依恋的代际传递提供了启示。母鼠在生育小鼠后会舔舐小鼠，并为小鼠梳理毛发。研究发现，大脑中催产素受体更多的母鼠会有更频繁的舔舐和理毛的行为，而被这类母鼠养育长大的小鼠也会比同类有更多的催产素受体，这样的小鼠更友好，更能抵抗压力。相反，被舔舐和理毛行为较少的母鼠喂养长大的小鼠更具有攻击性，在压力下出现更多的应激反应。这就是说，舔舐和理毛行为的频率也具有代际传递性。有意思的是，如果把舔舐和理毛频率低的母鼠产下的小鼠送给舔舐和理毛频率高的母鼠抚养，这些小鼠长大后也会变成舔舐和理毛频率高的老鼠。这说明，无论这些小鼠的生母采用何种行为模式，小鼠都习得了养母的行为模式。尚帕涅认为，这是环境互动引发的生理性改变。

依恋类型安全与否会使人们在催产素分泌上存在差异，而催产素在社会交往中发挥重要作用。催产素让人们更信任他人，更善解人意；缺乏催产素会使人们面临压力时很难冷静，缺乏同情心。不过，这并不是说非安全型依恋的人无法拥有幸福的生活，只不过，他们在建立恋爱关系、人际关系时会遭遇更多的困难，需要付出更多的努力。

# 第九章

# 如何让爱更持久?

我们每个人作为独立个体来到这个世界上，在茫茫人海中寻找伴侣。当我们结束漫长的寻找，用目光锁定一个人时，我们感到兴奋、欣喜，也可能心有疑虑，不确定自己的选择是否正确。此时，我们的心被对方占据，感觉整个世界都不再重要。不过，随着时间的流逝，炙热的感情最终会趋于平淡。平淡下来的感情会面对太多的日常琐碎事，难免出现摩擦和隔阂。如何长期相处，又成为人们面对的新难题。

心理学家认为，人们对感情的承诺水平能够预测感情的长短。人们越是觉得自己与恋人密不可分，越是希望感情长久，越是期盼与恋人共度余生，其感情就越稳定。此时人们会采用一系列策略来保护亲密关系，心理学家称之为"关系保持机制"。例如，人们会戴着"有色眼镜"看伴侣，美化、理想化伴侣，觉得自己的伴侣和这段感情比别人的更好；不沉溺于美好的记忆，而忽略眼下的幸福；当潜在的优秀"替代者"出现时，选择忽视他们；当亲密关系中出现裂痕时，采用建设性应对方式，如沟通、原谅，而不是破坏性反应方式……

努力维系而不是任意妄为，爱才能长久。

## 承诺：感情稳固的基石

我们会选择什么样的伴侣度过一生？这是心理学家不断探索、试图解答的问题。此外，还有一个令心理学家困惑的问题是：为什么一些恋情能够走到最后，而另一些恋情只能中途结束？社会心理学家拉斯布特（Caryl E. Rusbult）认为，承诺在亲密关系的维持中起重要作用，恋人对感情的承诺决定了恋爱关系的走向。当然，心理学家所说的承诺并非山盟海誓，而是恋人希望继续保持恋情的意愿。

美国普渡大学的研究者阿里亚加（Ximena B. Arriaga）和阿格纽（Christopher R. Agnew）总结了什么是承诺：首先，互相承诺的伴侣有强烈的个人意愿维持他们的亲密关系，期望他们的关系能够继续；其次，他们有长远的视角，在他们预想的未来中有对方的存在；最后，他们已经与伴侣形成依恋关系，当对方快乐时，自己也能感受到快乐。

为了更好地理解恋爱关系，特别是恋爱关系的保持，拉斯布特提出了投资模型（investment model），该模型是在相互依赖理论的基础上提出的（相互依赖理论的详细介绍见第一章）。在相互依赖理论中，我们每个人对自己的恋爱关系的结果都会有一个预期，这个预期称为“比较水平”，比较水平与这段关系的实际情况相比较，就是对这段关系的满意程度。另一个重要的概念是备选项的比较水平，它是指假设你结束当前的恋爱关系，与另一个人（备选项）进入新的恋爱关系时，你对新的恋爱关系的预期。相互依赖理论认为，备选项的比较水平和当前这段关系的实际情况相比较，就决定了你对这段关系的依赖程度。依赖程度越高，就越不容易结束当前的关系。

拉斯布特发现，满意程度和依赖程度对恋爱关系的保持或结束的解释力不够，她在此基础上增加了“投资程度”这一维度，提出投资模型（见图 9.1）。在投资模型中，有三个因素能够预测承诺水平：首先是满意程度，如果人们当前这段关系的结果超过比较水平，就会对感情满意。对感情越满意，就越会增加对感情的承诺。其次是备选项的质量，备选项的质量越高，人们对当前感情的承诺水平就越低。最后是投资水平，投资水平指伴侣在关系中投入的资源的多少。这些资源既包括内在的投资，也包括外在的投资。前者指人们投入关系中的任何事物，如金钱、时间、感情、自我暴露等，都可以理解成内在资源；后者指恋爱关系结束时失去的任何事物，如共同的朋友、共同的回忆或共同的资产等，都可以理解成外在资源。人们对感情的投资越来越多，承诺就随之增加。满意程度、备选项的质量和投资程度都能够影响承诺水平，而承诺水平可以很好地预测恋爱关系能否维持下去。

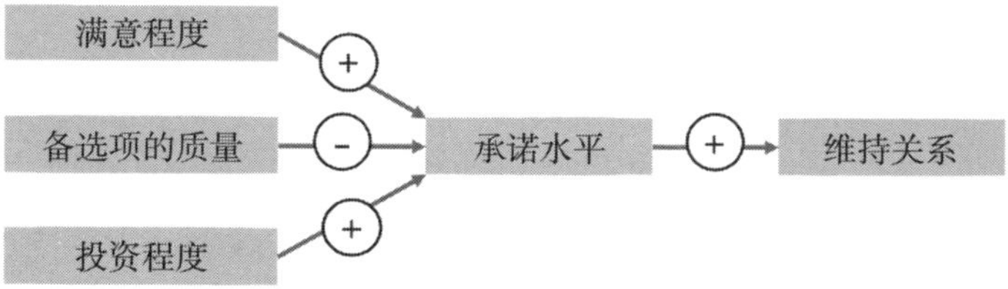


图 9.1　投资模型

（来源：Rusbult et al.，1994）

根据投资模型，承诺是维持亲密关系的关键心理机制，而对感情的满意程度、依赖程度都不足以预测感情能否维持。如果情侣或夫妻在恋爱关系中投入很多，如共同养育后代、购置房产等，他们可能不希望自己投入的精力和金钱会因为感情的结束而付之东流，即使关系满意程度下降或者备选项的质量上升，他们仍然希望感情能够继续，尝试修复感情，维持亲密关系。

美国普渡大学的研究者勒（Benjamin Le）和阿格纽使用元分析的方法，评估了投资模型。他们对 52 个独立的研究，包括来自 5 个国家的 11582 个参与者的数据，进行了元分析。其结果与投资模型保持一致，这项大规模数据分析支持了投资模型的假说。

为了探究承诺对维持恋爱关系的作用，研究者开发了量表来测量承诺水平。阿里亚加和阿格纽开发了《承诺量表》，包括 12 道题目，分别测量承诺的三个维度，即心理依恋（psychological attachment）、长期导向（long-term orientation）和坚持的意图（intent to persist）。表 9.1 列举了《承诺量表》的项目，其中 1—4 题测量心理依恋程度，第 4 题是反向计分（如果回答是 0，则记为 8；如果回答是 1，则记为 7，以此类推）；5—8 题测量长期导向，第 7 题是反向计分；9—12 题测量坚持的意图。

**表 9.1　承诺量表**

| 请用数字（0—8）表示你对下列陈述的认同程度。0= 完全不同意，8= 完全同意，数字越大，认同程度越高。 |
|---|
| 1. 我觉得我和伴侣有很强的联系，我非常依恋我们的关系。 |
| 2. 看到我的伴侣受苦会让我很痛苦。 |
| 3. 当我们的关系不顺利，我会受到很大影响。 |
| 4. 老实说，我的家人和朋友对我来说比这段关系更重要。 |
| 5. 我关注这段关系的长远未来（例如，我会想象几年后仍然和我的伴侣在一起）。 |
| 6. 我和伴侣会开玩笑说我们老了会是什么样子。 |
| 7. 我发现很难想象自己和伴侣在遥远的未来仍然在一起。 |
| 8. 当我为我生活中的未来事件制定计划时，我会考虑我的决定对我们关系的影响。 |
| 9. 我打算保持这段关系。 |
| 10. 我想维持我们的关系。 |
| 11. 我倾向于让我们的关系继续下去。 |
| 12. 我的直觉是要继续维持这段关系。 |

（翻译自：Arriaga & Agnew，2001）

研究者继续深入研究承诺这一概念，认为承诺不止一种类型。例如，社会学家约翰逊（Michael Johnson）认为，决定亲密关系能否维持下去是三种不同类型的承诺共同起作用（Johnson et al.，1999）。第一种是个人承诺（personal commitment），是一种个体内在的选择，源于个体自己的态度。例如，个体因对伴侣的依恋而想要维持感情。第二种是道义承诺（moral commitment），这是一种内在的限制，源于个体自己的价值体系。例如，个体觉得自己应该遵守诺言，应该维持感情。第三种是约束承诺（constraint commitment），这是一种外在的限制。当人们觉得结束感情的代价太大时，会不得不维持感情。例如，人们因为害怕结束关系可能面临的社会和财务后果，虽然对感情不满意，也仍然维持着关系。

## 美丽的错觉：恋爱中的理想主义

即使是最美好的恋爱或婚姻，也免不了会遇到困难或挑战。此时，承诺像强力胶一样，将情侣们黏合在一起。承诺之所以能预测感情能否长期维持，就是因为许下承诺的人会通过关系保持机制，保护恋爱关系完好无损。恋爱中的理想主义就是关系保持机制中的一种，在恋爱关系早期，情侣对彼此的理想化能够增加恋爱关系的满意程度，提高承诺水平。

我们大多数人对自己的认识并不准确。社会心理学家谢利·E. 泰勒（Shelley E. Taylor）和布劳（Jonathon D. Brow）提出积极幻想（positive illusion）的概念，是指人们对自我的不切实际、积极的看法，个人对现实的控制感的夸大，以及对未来的盲目（积极的）乐观（Taylor & Brown，1988）。对自己的积极评价和乐观态度并不是什么坏事，虽然这些评价和态度不够准确，但能帮助人们增进心理健康，包括关心他人、感到快乐和满足以及从事高效和具有创造性的工作。

当一个人恋爱时，对自我的表征也会发生变化。他不再将自己看成独立的个体，而是将自己看成恋爱关系中的一部分。他与恋人的生活有越来越多的重叠部分，双方的自我概念也出现越来越多的重叠，心理学家阿格纽等人将这种现象称为“认知依存”（cognitive interdependence）。认知依存的一个明显的特征是个体对自我的表征从单数的、独立的自我转换到复数的、关系中的自我（Agnew et al.，1998）。例如，对自我的称谓从“我”发展为“我们”。相比承诺水平低的情侣，承诺水平高的情侣表现出更多的认知依存，而这会进一步提高承诺水平。也就是说，承诺水平和认知依存互相影响，互相促进。

恋爱中的人对自我的表征成为恋爱关系的一部分，他们对自己的表征也包括对恋人的表征，表现出的对自己的积极幻想因而扩大到恋人和恋爱关系上。承诺水平较高的情侣对恋人和恋爱关系也会有积极的幻想（Luo et al.，2010），戴上玫瑰色滤镜：恋人的缺点是那么微不足道，恋人犯的错误也都是无心的或偶然的；虽然其他人分分合合，但自己的恋情是特殊的，自己的恋人也与其他人不一样，因此自己一定比其他人幸福。

心理学家默里（Sandra Murray）等人 2011 年在《心理科学》上发表了一篇文章，证明了玫瑰色滤镜对恋爱关系的积极作用。他们对 222 对新婚夫妇进行了为期 3 年的跟踪研究，这些新婚夫妇在新婚时都感到幸福和满意，随后满意度开始下降，仅有一组新婚夫妇的婚姻满意度没有下降，这组新婚夫妇在新婚时对自己伴侣的评价最接近理想状态。研究者让这些夫妇在 20 个项目（如善良、自信、智力、懒、不成熟等）上对自己、伴侣及理想伴侣作出评分，对伴侣的评分越接近对理想伴侣的评分，理想化伴侣的程度就越高。默里发现，在婚姻刚开始时对伴侣最理想化的夫妇，他们对婚姻的满意程度在跟踪的 3 年里没有下降。有意思的是，理想化的效应还具有“传染性”。如果你的伴侣理想化你，那么无论你是否理想化你的伴侣，你都会感到更满意、更快乐。

另一项 2006 年发表在《人格与社会心理学公报》（*Personality and Social Psychology Bulletin*）上的研究也报告了类似的研究结果。在这项研究中，研究者对 168 对新婚夫妇展开为期 13 年的跟踪研究。他们让这些新婚夫妇评估伴侣的宜人性（agreeable），同时根据其对伴侣行为的报告，评估其伴侣实际的宜人性。宜人性作为一种人格特质，具有信任、利他、谦虚等特质。直白地说，宜人性高的人是很善良、好相处的人。而在亲密关系中，宜人性的特质会使冲突更容易化解，对于关系的保持非常重要。研究者发现，新婚夫妇对伴侣在宜人性上的理想化程度，能够有效地预测其感情质量。新婚时理想化伴侣的夫妇，更可能使爱情长存。

## 记忆偏差：不要沉溺于过去的美好

随着关系的发展，一对对情侣或夫妻度过了一段段共同的生活，留下了很多共同的记忆。研究者认为，情侣或夫妻对亲密关系的记忆不仅是对过去生活的记录，还反映着他们对当前和未来恋爱关系的态度。他们如何构建对亲密关系的记忆？他们是会美化过去，沉溺于曾经的美好，还是会丑化过去，以粉饰现在的生活？美国社会心理学家卡尼（Benjamin R. Karney）等人对 175 位已婚女性进行了为期 20 年的调查，探究她们的记忆与婚姻满意度之间的关系。

参加调查的是美国某医学院 1969—1970 年登记在册的医学生的妻子。研究者刚开始调查时，她们的平均年龄为 25.5 岁，其中 57% 的女性结婚时长小于或等于 3 年，58% 的女性还没有小孩。第一次调查时，研究者让她们评估自己对婚姻的满意度和情绪体验。10 年后，研究者进行了第二次调查。此时有 81% 的女性仍然与 10 年前的伴侣在一起。20 年后，研究者进行了第三次调查，此时有 69% 的女性与 20 年前的伴侣在一起。在第二次和第三次调查中，研究者不仅询问了对婚姻的满意度和情绪体验，还询问了她们记忆里过去 10 年中的情绪体验，包括丈夫向自己倾诉内心想法和感受的程度，自己向丈夫倾诉内心想法和感受的程度，丈夫对自己感受的敏感程度，等等。

结果发现，虽然在第二次调查时，这些女性在婚姻中的情绪体验相比第一次调查时变差，但她们记忆里过去 10 年的情绪体验比实际更糟。由于记忆里过去的情绪体验更差，现在的情绪体验反而有所改善。有意思的是，在第二次调查中，越“贬低”过去 10 年的情绪体验，在接下来的 10 年里，对婚姻的满意度就越高。就好像过去糟糕的回忆使她们对现状更满意，因而更满足。而那些对过去的记忆更“准确”的女性，反而容易沉溺于曾经的美好。

新婚时的感情总是热烈且新鲜的，人们时刻关注着伴侣。随着时间的流逝和生活的洗礼，感情难免趋于平淡，双方都会有忽视彼此的时候。此时，一部分人甚至不惜“牺牲”美好的记忆，来成就当下的美好。

## 我的眼里只有你：忽视备选项

有时我们选择了伴侣之后，依旧会心存疑虑，不确定自己是否选对了人。虽然我们对现在的感情挺满意的，但谁知道下一段感情会不会更美好？我们谁都不能预知未来，只能自己偷偷推测，如果选择了另一个人，会拥有什么样的恋情。

很多心理学理论，如相互依赖理论和投资模型，都认为备选项（其他潜在恋爱对象）会影响感情的稳定。特别是当人们预期自己和他人发展新恋情会获得更满意的结果时，或者遇到配偶价值更高的人时，都会威胁当前的恋爱关系。

但在现实生活中，我们不断地遇到不同的人，其中不乏优质且单身的异性，难道这些相遇都会给我们的恋爱关系造成威胁吗？心理学家认为恋爱关系之所以没有想象中脆弱，是因为我们发展出一些恋爱保护机制，如前文介绍过的理想化伴侣。另外一种恋爱保护机制是忽视备选项，从而保护当前的恋情。

社会心理学家罗兰德·S. 米勒（Rowland S. Miller）1997 年发表在《人格和社会心理学杂志》上的论文首先记载了这一现象。他招募了一群参与者，其中有单身的，有与超过一个人约会的，有只与一个稳定的对象约会的，也有同居或结婚的。研究者请他们回答了一系列问题，测评他们对恋爱的投资程度、承诺程度、满意程度和对备选项的关注水平。此外，还要求他们观看一些从杂志上截取的广告，其中一些广告上有具有吸引力的男性图片，一些有具有吸引力的女性图片，一些广告上没有人像。参与者被告知，他们可以按照自己的节奏“熟悉”这些广告，自己控制每幅广告呈现的时间。最后，他们被要求评价其中一部分广告上人物的吸引力。米勒还在两个月后追踪了这些参与者，询问他们的恋爱状态。

研究发现，对当前恋爱关系更满意、投入更多以及承诺水平更高的参与者，对备选项的关注更少。而那些对当前恋爱承诺水平低的人，会在观看广告时花更多时间观察具有吸引力的异性。对备选项的关注程度比承诺水平能更好地预测两个月后的恋爱状态：对备选项越关注的人，两个月后越有可能结束恋爱关系。

心理学家曼纳认为，对备选项的忽视不仅会发生在我们的意识层面（我们有意识地不关注那些备选项），而且会发生在无意识层面。在注意的早期阶段，甚至在我们还没有意识到注意的对象时，这样的忽视就发生了。曼纳用实验证明了自己的理论（Maner et al.，2008）。

曼纳招募的参与者都处于恋爱中，他没有直接测量这些参与者对当前恋爱的承诺水平，而是通过实验操纵诱发参与者的浪漫感情。参与者被随机分成两组，一组通过描写一段自己与当前恋爱对象体验到的强烈的爱情经历诱发浪漫感情，另一组为控制组，他们的任务是描写一段令自己快乐的经历。随后，所有参与者完成一个视觉点探测任务（visual dot-probe procedure），这一任务可以用来测量注意偏差。

在该任务中，屏幕上某个位置会出现一张人脸图片，这张图片呈现 0.5 秒后就消失了。此后，一个图形（圆形或方形）会出现在人脸的位置或屏幕的其他位置，参与者的任务是判断这个图形的形状并按键（如圆形按 F 键，方形按 J 键）。当图片出现在屏幕其他位置时（见图 9.2B），参与者需要将注意力从人脸出现的位置转移到新的位置（图形出现的位置）。此时参与者反应越快，说明其注意力转移的效率越高；反应越慢，说明其注意力转移用了更多时间。

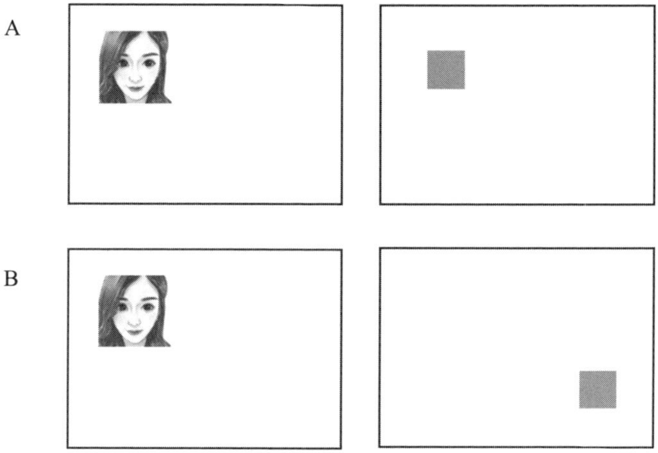


图 9.2　视觉点探测任务示例

实验结果发现，当人脸图片是具有吸引力的异性时，浪漫感情诱发组的参与者的注意力转移得比控制组更快。而当人脸图片是具有吸引力的同性、吸引力一般的同性、吸引力一般的异性时，两组参与者在注意力转移上都没有显著差异。这就是说，浪漫感情诱发后，参与者面对有吸引力的异性面孔图片时，注意力转移的效率更高，速度更快。

研究者认为，出现这种现象是因为，只有吸引力高的异性才会对当前感情产生威胁。恋爱中的人在被诱发浪漫感情后，会自动忽视能对恋爱关系造成威胁的线索。这种忽视不是在意识层面发生的（参与者没有意识到实验目的，也没有刻意控制自己的行为），而是自动产生的。

## 如何应对恋爱中的困境?

一段亲密关系的发展不可能总是一帆风顺，如何应对恋爱中的困境就显得尤为重要。面对困难，不同反应可能导致不同结果——积极的反应可以帮助情侣顺利渡过难关，消极反应则可能放大困难带来的负面影响。研究者发现，影响反应方式的一个重要因素是对恋爱关系的承诺水平。对恋爱关系承诺水平较高的人更有可能采用积极的应对方式，或者说更有可能使用关系保持机制，来应对亲密关系中的不顺利。

恋爱中的小挫折，如恋人偶尔的坏脾气、一两句无心的指责、偶尔的疏忽，都会引起不快。当情况不严重时，双方的应对方式往往决定了恋爱关系的质量。对恋爱承诺水平高的人能够压抑自己的不满，采用建设性处理方式，以避免不必要的冲突，社会心理学家拉斯布特将这种建设性应对方式称为“调节”（accommodation）。毕竟，怒火和冲突并不能解决问题，只会使双方产生更多的负面情绪。

### 应对负面信息

面对负面信息时，承诺水平的不同真的有巨大影响吗？心理学家阿里亚加等人用实验探究了这个问题（Arriaga et al.，2007）。他们招募了 45 对情侣，这些情侣被告知实验目的是评估人格问卷的效度，因此首先需要完成一系列人格问卷。随后，情侣们会收到自己或伴侣的人格问卷评估结果，并要求他们判断这些结果是否准确。之所以需要情侣一同参加实验，就是需要双方都能评判对方的人格问卷评估结果是否准确。事实上，所有人收到的都是研究者编造的自己伴侣的虚假评估结果，其中一半人收到的是正面、积极的评估结果，另一半人收到的则是负面、消极的评估结果。

这些人格评估结果包括三个维度：第一个维度是公共和自我导向，反映了人们在社会互动和竞争场景中的人格特质。相比自我导向，公共导向的人格特质指向更多地考虑他人的感受和需求。第二个维度是自我弹性，是一种能够根据不同的社会情景需求控制（抑制或表达）自己情绪冲动的能力。第三个维度是逃避现实的幻想主义和现实主义，这一维度描述的是人们在生活中使用幻想逃避实际问题的程度。此外，研究者还测量了情侣们对恋爱关系的承诺水平和满意程度。

为了确认他们都读懂了自己伴侣的人格评估结果，研究者询问“你如何评价你收到的反馈”，参与者可以用 1—7 的数字来回答，1 表示非常负面，7 表示非常正面。结果正如研究者所料，收到正面反馈的参与者回答的平均值为 3.9，而收到负面反馈的参与者回答的平均值为 1.9。此外，对感情承诺水平较低的参与者受反馈的影响，报告的恋爱满意程度显著低于收到正面反馈的参与者。而感情承诺水平较高的参与者对感情的满意程度并没有受反馈的影响，收到正面反馈和负面反馈的参与者在感情满意程度上的评分没有显著差异。这样的结果说明，面对负面信息，对感情的承诺程度起重要作用。承诺水平高的情侣更可能不受负面信息的影响，对恋爱关系更满意。

**如何原谅伴侣？**

除了外部的威胁，伴侣的行为也可能对亲密关系造成威胁。每个人都会犯错，在亲密关系中也是如此。双方如何应对对方犯的错，对于亲密关系的保持非常关键。

社会心理学家拉斯布特将调节定义为使用建设性方式，而非破坏性方式应对伴侣的过错。他将应对方式分为四类：主动的建设性应对方式——发出声音，如找时间与伴侣好好讨论问题，积极沟通，表达自己的感受；被动的建设性应对方式——保持忠诚，如等待事情好转，关系缓和；主动的破坏性应对方式——退出，如主动分居、离婚；被动的破坏性应对方式——忽略，如实施冷暴力，不理睬伴侣（Rusbult et al.，1982）。面对伴侣的过错，说服自己使用建设性应对方式并不容易，这需要自控力，让理智指导行为。

伴侣的过错可大可小，小到生活中的小摩擦，如没有及时接电话，大到欺骗、出轨，都可能伤害亲密关系。伴侣的背叛是比较严重的一类错误，想要原谅对方就更困难了。心理学家芬克尔等人探究了承诺水平和原谅之间的关系。与以往研究不同的是，他们采用实验的方式操纵人们的承诺水平。在高承诺组，参与者回答一些诱发依赖和承诺的问题，例如："如果你的恋爱关系在不久的将来会结束，你不能再和伴侣在一起，最让你伤感的是什么？""请举例描述在什么情况下，你觉得自己的生活已与伴侣紧密联系在一起。"在低承诺组，参与者回答一些诱发独立和缺乏承诺感受的问题，例如："描述一项你的伴侣不在时你喜欢参与的活动。""请举例描述在什么情况下，你觉得自己的生活是独立于伴侣的。”

参与者被随机分配到高承诺组和低承诺组，阅读一些假设的伴侣背叛的情境描述，例如“你的伴侣在一些重要事情上对你撒谎”“你的伴侣与朋友调情”，并推测自己的反应，根据其可能性在对应的发出声音、保持忠诚、退出、忽略等四类应对方式上评分。例如，在发出声音维度上，行为描述是：“我会建议我们出去吃饭，在饭桌上好好谈一下调情的事情。0 分表示完全不可能这么做，8 分表示非常有可能这么做。”

研究者发现，高承诺组在退出和忽略两个维度上的评分更低，也就是说，他们更不可能采取破坏性反应模式。不过，在发生声音和保持忠诚这两个维度上，这两个组的评分没有差异，说明承诺水平的不同并不影响采用建设性应对方式。

根据这一结果，研究者认为承诺水平能够影响原谅行为。特别是对恋爱关系承诺水平高的人，他们采用破坏性应对方式的可能性更低，这有助于减少冲突并维系亲密关系。当然，背叛仍然是维持恋爱关系最严重的威胁之一。

想要更好地维持恋爱关系？首先，不要背叛。

# 参考文献


Agnew，C. R.，Van Lange，P. A.，Rusbult，C. E.，& Langston，C. A.（1998）. Cognitive interdependence：Commitment and the mental representation of close relationships. *Journal of Personality and Social Psychology*，*74*（4），939—954.

Ainsworth，M. D. & Bell，S. M.（1970），Attachment，exploration，and separation：Illustrated by the behavior of one-year-olds in a strange situation. *Child Development*，*41*，49—67.

Alonzo，S. H.（2008）. Female mate choice copying affects sexual selection in wild populations of the ocellated wrasse. *Animal Behaviour*，*75*（5），1715—1723.

Apostolou，M.（2008）. Parent-offspring conflict over mating：The case of family background. *Evolutionary Psychology*，*6*（3），456—468.

Aron，A.，Aron，E. N.，& Smollan，D.（1992）. Inclusion of other in the self scale and the structure of interpersonal closeness. *Journal of Personality and Social Psychology*，*63*（4），596—612.

Aron，A.，Fisher，H.，Mashek，D. J.，Strong，G.，Li，H.，& Brown，L. L.（2005）. Reward，motivation，and emotion systems associated with early-stage intense romantic love. *Journal of Neurophysiology*，*94*（1），327—337.

Aron，A.，Melinat，E.，Aron，E. N.，Vallone，R. D.，& Bator，R. J.（1997）. The experimental generation of interpersonal closeness：A procedure and some preliminary findings. *Personality and Social Psychology Bulletin*, *23* (4), 363—377.

Aron, A., Norman, C. C., Aron, E. N., McKenna, C., & Heyman, R. E. (2000). Couples' shared participation in novel and arousing activities and experienced relationship quality. *Journal of Personality and Social Psychology, 78*, 273—284.

Aron, A., Paris, M., & Aron, E. N. (1995). Falling in love: Prospective studies of self-concept change. *Journal of Personality and Social Psychology, 69,* 1102—1112.

Aronson, E., & Worchel, P. (1966). Similarity versus liking as determinants of interpersonal attractiveness. *Psychonomic Science, 5* (4), 157—158.

Arriaga, X. B., & Agnew, C. R. (2001). Being committed: Affective, cognitive, and conative components of relationship commitment. *Personality and Social Psychology Bulletin*, *27* (9), 1190—1203.

Arriaga, X. B., Slaughterbeck, E. S., Capezza, N. M., & Hmurovic, J. L. (2007). From bad toworse: Relationship commitment and vulnerability to partner imperfections. *Personal Relationships*, *14* (3), 389—409.

Baker, M. D., Jr., & Maner, J. K. (2009). Male risk-taking as a context-sensitive signaling device. *Journal of Experimental Social Psychology, 45*, 1136—1139.

Berg, S. J., & Wynne-Edwards, K. E. (2001). Changes in testosterone, cortisol, and estradiol levels in men becoming fathers. *Mayo Clinic Proceedings Mayo Clinic,* 76 (6), 582—592.

Betzig, L. (1989). Causes of conjugal dissolution: A cross-cultural study. *Current Anthropology*, *30* (5), 654—676.

Björklund, A., & Dunnett, S. B. (2007). Fifty years of dopamine research. *Trends in Neurosciences*, *30* (5), 185—187.

Boothroyd, L. G., Jones, B. C., Burt, D. M., & Perrett, D. I. (2007). Partner characteristics associated with masculinity, health and maturity in male faces. *Personality and Individual Differences, 43* (5), 1161—1173.

Bornstein, R. F., & D'agostino, P. R. (1992). The generalizability of subliminal mere exposure effects: Influence of stimuli perceived without awareness on social behavior. *Journal of Personality and Social Psychology*, *63* (4), 545—552.

Bornstein, R. F., Leone, D. R., & Galley, D. J. (1987). The generalizability of subliminal mere exposure effects: Influence of stimuli perceived without awareness on social behavior. *Journal of Personality and Social Psychology*, *53* (6), 1070—1079.

Bovet, J., & Raymond, M. (2015). Preferred women's waist-to-hip ratio variation over the last 2,500 years. *PLoS One*, *10* (4), e0123284.

Buss, D. M. (1989). Sex differences in human mate preferences: Evolutionary hypotheses tested in 37 cultures. *Behavioral and Brain Sciences*, *12* (1), 1—14.

Buss, D. M. (1990). The Evolution of Love. In *The new psychology of love*. Yale University Press.

Buss, D. M. (2016). *The evolution of desire: Strategies of human mating*. Hachette UK.

Buss, D. M., & Schmitt, D. P. (1993). Sexual strategies theory: An evolutionary perspective on human mating. *Psychological Review*, *100* (2), 204—232.

Byrne, D. (1961). Interpersonal attraction and attitude similarity. *Journal of Abnormal and Social Psychology*, *62*, 713—715.

Carter, C. S. (1998). Neuroendocrine perspectives on social attachment and love. *Psychoneuroendocrinology*, 23, 779—818.

Carter, G. L., Campbell, A. C., & Muncer, S. (2014). The dark triad personality: Attractiveness to women. *Personality and Individual Differences*, *56*, 57—61.

Champagne, F. A., Francis, D. D., Mar, A., & Meaney, M. J. (2003). Variations in maternal care in the rat as a mediating influence for the effects of environment on development. *Physiology & Behavior*, *79* (3), 359—

371.

Christian, B., & Griffiths, T. ( 2016 ). *Algorithms to live by: The computer science of human decisions*. Macmillan.

Coetzee, V., & Perrett, D. I. ( 2014 ). Effect of beta-carotene supplementation on African skin. *Journal of Biomedical Optics, 19* ( 2 ), 025004.

Coetzee, V., Faerber, S. J., Greeff, J. M., Lefevre, C. E., Re, D. E., & Perrett, D. I. ( 2012 ). African Perceptions of Female Attractiveness. *PLoS One, 7* ( 10 ), e48116.

Coy, A. E., Green, J. D., & Price, M. E. ( 2014 ). Why is low waist-to-chest ratio attractive in males? The mediating roles of perceived dominance, fitness, and protection ability. *Body Image*, *11* ( 3 ), 282—289.

Dabbs Jr., J. M., Carr, T. S., Frady, R. L., & Riad, J. K. ( 1995 ). Testosterone, crime, and misbehavior among 692 male prison inmates. *Personality and Individual Differences*, *18* ( 5 ), 627—633.

De Boer, A., van Buel, E. M., & Ter Horst, G. J. ( 2012 ). Love is more than just a kiss: A neurobiological perspective on love and affection. *Neuroscience*, *201*, 114—124.

DeBruine, L. M. ( 2002 ). Facial resemblance enhances trust. *Proceedings of the Royal Society of London. Series B: Biological Sciences*, *269* ( 1498 ), 1307—1312.

Dion, K., Berscheid, E., & Walster, E. ( 1972 ). What is beautiful is good. *Journal of Personality and Social Psychology*, *24* ( 3 ), 285—290.

Doi, H., Nishitani, S., & Shinohara, K. ( 2015 ). Sex difference in the relationship between salivary testosterone and inter-temporal choice. *Hormones and Behavior, 69*, 50—58.

Driscoll, R., Davis, K. E., & Lipetz, M. E. ( 1972 ). Parental interference and romantic love: The Romeo and Juliet effect. *Journal of Personality and Social Psychology*, *24* ( 1 ), 1—10.

Dugatkin, L. A. ( 1992 ). Sexual selection and imitation: Females copy the mate choice of others. *The American Naturalist*, *139* ( 6 ), 1384—1389.

Dutton, D. G., & Aron, A. P. ( 1974 ). Some evidence for heightened sexual attraction under conditions of high anxiety. *Journal of Personality and Social Psychology, 30* ( 4 ), 510—517.

Eagly, A. H., & Wood, W. ( 1999 ). The origins of sex differences in human behavior: Evolved dispositions versus social roles. *American Psychologist*, *54* ( 6 ), 408—423.

Eastwick, P. W., Finkel, E. J., Mochon, D., & Ariely, D. ( 2007 ). Selective versus unselective romantic desire: Not all reciprocity is created equal. *Psychological Science*, *18* ( 4 ), 317—319.

Fehr, E., & Fischbacher, U. ( 2003 ). The nature of human altruism. *Nature*, *425* ( 6960 ), 785.

Feinberg, D. R., DeBruine, L. M., Jones, B. C., & Little, A. C. ( 2008 ). Correlated preferences for men's facial and vocal masculinity. *Evolution and Human Behavior, 29* ( 4 ), 233—241.

Feingold, A. ( 1988 ). Matching for attractiveness in romantic partners and same-sex friends: A meta-analysis and theoretical critique. *Psychological Bulletin*, *104* ( 2 ), 226—235.

Festinger, L., Schachter, S., & Back, K. ( 1950 ). *Social pressures in informal groups: A study of human factors in housing.* New York: Harper & Brothers.

Finkel, E. J., Rusbult, C. E., Kumashiro, M., & Hannon, P. A. ( 2002 ). Dealing with betrayal in close relationships: Does commitment promote forgiveness? *Journal of Personality and Social Psychology*, *82* ( 6 ), 956—974.

Fiore, A. T., & Donath, J. S. ( 2005, April ). Homophily in online dating: When do you like someone like yourself? In *CHI'05 extended abstracts on Human factors in computing systems* ( pp. 1371—1374 ).

Fisher, H. E., Aron, A., & Brown, L. L. ( 2006 ). Romantic love: A mammalian brain system for mate choice. *Philosophical Transactions of the*

*Royal Society B: Biological Sciences*, *361* (1476), 2173—2186.

Fonagy, P., Steele, H., & Steele, M. (1991). Maternal representations of attachment during pregnancy predict the organization of infant-mother attachment at one year of age. *Child Development, 62* (5), 891—905.

Fries, A. B. W., Ziegler, T. E., Kurian, J. R., Jacoris, S., & Pollak, S. D. (2005). Early experience in humans is associated with changes in neuropeptides critical for regulating social behavior. *Proceedings of the National Academy of Sciences, 102* (47), 17237—17240.

Gangestad, S. W., & Simpson, J. A. (2000). The evolution of human mating: Trade-offs and strategic pluralism. *Behavioral and Brain Sciences, 23* (04), 573—587.

Gangestad, S. W., & Thornhill, R. (2008). Human oestrus. *Proceedings of the Royal Society of London B: Biological Sciences, 275* (1638), 991—1000.

Getz, L. L., & Carter, C. S. (1996). Prairie-vole partnerships. *American Scientist, 84*, 56—62.

Griskevicius, V., Tybur, J. M., Sundie, J. M., Cialdini, R. B., Miller, G. F., & Kenrick, D. T. (2007). Blatant benevolence and conspicuous consumption: When romantic motives elicit strategic costly signals. *Journal of Personality and Social Psychology, 93* (1), 85—102.

Gruhn, J. R., Zielinska, A. P., Shukla, V., Blanshard, R., Capalbo, A., Cimadomo, D., ... & Hoffmann, E. R. (2019). Chromosome errors in human eggs shape natural fertility over reproductive life span. *Science*, *365* (6460), 1466—1469.

Han, C., Wang, H., Hahn, A. C., Fisher, C. I., Kandrik, M., Fasolt, V., ... & Jones, B. C. (2018). Cultural differences in preferences for facial coloration. *Evolution and Human Behavior, 39* (2), 154—159.

Hargreaves, D. A., & Tiggemann, M. (2009). Muscular ideal media images and men's body image: Social comparison processing and individual vulnerability. *Psychology of Men & Masculinity, 10*, 109—119.

Harlow, H. F. (1958). The nature of love. *American Psychologist*, *13* (12), 673—685.

Hess, E. H. (1965). Attitude and pupil size. *Scientific American*, *212* (4), 46—55.

Hess, E. H. (1975). The role of pupil size in communication. *Scientific American*, *233* (5), 110—119.

Höglund, J., Alatalo, R. V., Gibson, R. M., & Lundberg, A. (1995). Mate-choice copying in black grouse. *Animal Behaviour*, *49* (6), 1627—1633.

Hunt, L. L., Eastwick, P. W., & Finkel, E. J. (2015). Leveling the playing field: Longer acquaintance predicts reduced assortative mating on attractiveness. *Psychological Science*, *26* (7), 1046—1053.

Insel, T. R., Young, L., Witt, D. M., & Crews, D. (1993). Gonadal steroids have paradoxical effects on brain oxytocin receptors. *Journal of Neuroendocrinology*, *5* (6), 619—628.

Jankowiak, W. R., & Fischer, E. (1992). A cross-cultural perspective on romantic love. *Ethnology*, *31*, 149—155.

Jauk, E., Neubauer, A. C., Mairunteregger, T., Pemp, S., Sieber, K. P., & Rauthmann, J. F. (2016). How alluring are dark personalities? The dark triad and attractiveness in speed dating. *European Journal of Personality*, *30* (2), 125—138.

John, O. P., Donahue, E. M., & Kentle, R. L. (1991). *The Big Five Inventory—Versions 4a and 54.* Berkeley, CA: University of California, Berkeley, Institute of Personality and Social Research.

Johnson, M. P., Caughlin, J. P., & Huston, T. L. (1999). The tripartite nature of marital commitment: Personal, moral, and structural reasons to stay married. *Journal of Marriage and the Family*, *60* (1), 160—177.

Johnson, N. D., & Mislin, A. A. (2011). Trust games: A meta- analysis. *Journal of Economic Psychology*, *32* (5), 865—889.

Johnston, V. S., Hagel, R., Franklin, M., Fink, B., & Grammer, K. (2001). Male facial attractiveness: Evidence for hormone-mediated adaptive design. *Evolution and Human Behavior, 22* ( 4 ), 251—267.

Jonason, P. K., Li, N. P., & Teicher, E. A. ( 2010 ). Who is James Bond? The Dark Triad as an agentic social style. *Individual Differences Research*, *8* ( 2 ), 111—120.

Jones, B. C., DeBruine, L. M., Little, A. C., Burriss, R. P., & Feinberg, D. R. ( 2007 ). Social transmission of face preferences among humans. *Proceedings of the Royal Society B: Biological Sciences*, *274* ( 1611 ), 899—903.

Jones, B. C., Little, A. C., Burt, D. M., & Perrett, D. I. ( 2004 ). When facial attractiveness is only skin deep. *Perception, 33* ( 5 ), 569—576.

Kampe, K. K., Frith, C. D., Dolan, R. J., & Frith, U. ( 2001 ). Reward value of attractiveness and gaze. *Nature*, *413* ( 6856 ), 589—589.

Kang, A. & Kang, D. ( 2018, April ), The beautiful truth about online dating [ Video ]. TED Conference. http://www.tedxucdavissf.com/talks/the-beautiful-truth-about-online-dating

Karney, B. R., & Coombs, R. H. ( 2000 ). Memory bias in long-term close relationships: Consistency or improvement? *Personality and Social Psychology Bulletin*, *26* ( 8 ), 959—970.

Karremans, J. C., Dotsch, R., & Corneille, O. ( 2011 ). Romantic relationship status biases memory of faces of attractive opposite-sex others: Evidence from a reverse-correlation paradigm. *Cognition*, *121* ( 3 ), 422—426.

Kawada, A., Nagasawa, M., Murata, A., Mogi, K., Watanabe, K., Kikusui, T., & Kameda, T. ( 2019 ). Vasopressin enhances human preemptive strike in both males and females. *Scientific Reports*, *9* ( 1 ), 1—8.

Kaye, S. A., Folsom, A. R., Prineas, R. J., Potter, J. D., & Gapstur, S. M. ( 1990 ). The association of body fat distribution with lifestyle and reproductive factors in a population study of postmenopausal women. *International Journal of Obesity, 14,* 583—591.

Kellerman, J., Lewis, J., & Laird, J. D. ( 1989 ). Looking and loving: The effects of mutual gaze on feelings of romantic love. *Journal of Research in Personality*, *23* ( 2 ), 145—161.

Kelley, H. H., & Thibaut, J. W. ( 1978 ). *Interpersonal relations: A theory of interdependence*. New York: Wiley.

Klohnen, E. C., & Luo, S. ( 2003 ). Interpersonal attraction and personality: What is attractive—self similarity, ideal similarity, complementarity or attachment security? *Journal of Personality and Social Psychology*, *85* ( 4 ), 709—722.

Kościński, K. ( 2014 ). Assessment of waist-to-hip ratio attractiveness in women: An anthropometric analysis of digital silhouettes. *Archives of Sexual Behavior*, *43* ( 5 ), 989—997.

Kosfeld, M., Heinrichs, M., Zak, P. J., Fischbacher, U., & Fehr, E. ( 2005 ). Oxytocin increases trust in humans. *Nature*, *435* ( 7042 ), 673—676.

Kross, E., Berman, M. G., Mischel, W., Smith, E. E., & Wager, T. D. ( 2011 ). Social rejection shares somatosensory representations with physical pain. *Proceedings of the National Academy of Sciences*, *108* ( 15 ), 6270—6275.

Langlois, J. H., Kalakanis, L., Rubenstein, A. J., Larson, A., Hallam, M., & Smoot, M. ( 2000 ). Maxims or myths of beauty? A meta-analytic and theoretical review. *Psychological Bulletin*, *126* ( 3 ), 390—423.

Le, B., & Agnew, C. R. ( 2003 ). Commitment and its theorized determinants: A meta-analysis of the investment model. *Personal Relationships*, *10* ( 1 ), 37—57.

Lea, A. M., & Ryan, M. J. ( 2015 ). Irrationality in mate choice revealed by tú ngara frogs. *Science*, *349* ( 6251 ), 964—966.

Lee, J. Y., & Cho, K. S. ( 2013 ). Chemical castration for sexual offenders: Physicians' views. *Journal of Korean Medical Science*, *28* ( 2 ), 171—172.

Lefevre, C. E., & Perrett, D. I. ( 2015 ). Fruit over sunbed: Carotenoid skin colouration is found more attractive than melanin colouration. *Quarterly*

*Journal of Experimental Psychology*, *68* ( 2 ), 284—293.

Lewandowski, Jr., G. W., & Ackerman, R. A. ( 2006 ). Something's missing: Need fulfillment and self-expansion as predictors of susceptibility to infidelity. *The Journal of Social Psychology*, *146* ( 4 ), 389—403.

Little, A. C., Burt, D., Penton-Voak, I., & Perrett, D. ( 2001 ). Self-perceived attractiveness influences human female preferences for sexual dimorphism and symmetry in male faces. *Proceedings of the Royal Society of London B: Biological Sciences*, *268* ( 1462 ), 39—44.

Little, A. C., Jones, B. C., DeBruine, L. M., & Feinberg, D. R. ( 2008 ). Symmetry and sexual dimorphism in human faces: Interrelated preferences suggest both signal quality. *Behavioral Ecology*, *19* ( 4 ), 902—908.

Luo, S., Zhang, G., Watson, D., & Snider, A. G. ( 2010 ). Using cross-sectional couple data to disentangle the causality between positive partner perceptions and marital satisfaction. *Journal of Research in Personality*, *44* ( 5 ), 665—668.

Maestripieri, D., Henry, A., & Nickels, N. ( 2017 ). Explaining financial and prosocial biases in favor of attractive people: Interdisciplinary perspectives from economics, social psychology, and evolutionary psychology. *Behavioral and Brain Sciences*, *40*, e19.

Main, M. ( 1990 ). The "ultimate" causation of some infant attachment phenomena. *Behavioral and Brain Sciences*, *2*, 640—643.

Maisey, D. S., Vale, E. L., Cornelissen, P., & Tovée, M. J. ( 1999 ). Characteristics of male attractiveness for women. *The Lancet*, *353* ( 9163 ), 1500.

Malcolm, J. A., & Dobson, A. J. ( 1989 ). Marriage is associated with a lower risk of ischaemic heart disease in men. *Medical Journal of Australia*, *151* ( 4 ), 185—188.

Maner, J. K., Rouby, D. A., & Gonzaga, G. C. ( 2008 ). Automatic inattention to attractive alternatives: The evolved psychology of relationship maintenance. *Evolution and Human Behavior*, *29* ( 5 ), 343—349.

Manzoli, L., Villari, P., Pirone, G. M., & Boccia, A. (2007). Marital status and mortality in the elderly: A systematic review and meta-analysis. *Social Science & Medicine, 64* (1), 77—94.

Marks, G., Miller, N., & Maruyama, G. (1981). Effect of targets' physical attractiveness on assumptions of similarity. *Journal of Personality and Social Psychology, 41* (1), 198—206.

Maselko, J., Bates, L. M., Avendaño, M., & Glymour, M. M. (2009). The intersection of sex, marital status, and cardiovascular risk factors in shaping stroke incidence: Results from the health and retirement study. *Journal of the American Geriatrics Society*, *57* (12), 2293—2299.

Mathes, E. W. (1986). Jealousy and romantic love: A longitudinal study. *Psychological Reports, 58* (3), 885—886.

Mazur, A., & Michalek, J. (1998). Marriage, divorce, and male testosterone. *Social Forces*, 77 (1), 315—330.

Meston, C. M., & Frohlich, P. F. (2003). Love at first fright: Partner salience moderates roller-coaster-induced excitation transfer. *Archives of Sexual Behavior*, *32* (6), 537—544.

Miller, G. F., & Todd, P. M. (1998). Mate choice turns cognitive. *Trends in Cognitive Sciences*, *2* (5), 190—198.

Miller, P. J., Niehuis, S., & Huston, T. L. (2006). Positive illusions in marital relationships: A 13-year longitudinal study. *Personality and Social Psychology Bulletin*, *32* (12), 1579—1594.

Miller, R. S. (1997). Inattentive and contented: Relationship commitment and attention to alternatives. *Journal of Personality and Social Psychology*, *73* (4), 758—766.

Møller, A. P., & Thornhill, R. (1998). Bilateral symmetry and sexual selection: A meta-analysis. *The American Naturalist*, *151* (2), 174—192.

Monroe, S. M., Rohde, P., Seeley, J. R., & Lewinsohn, P. M. (1999). Life events and depression in adolescence: Relationship loss as a prospective risk factor for first onset of major depressive disorder. *Journal of Abnormal Psychology, 108* (4), 606—614.

Moreland, R. L., & Beach, S. R. (1992). Exposure effects in the classroom: The development of affinity among students. *Journal of Experimental Social Psychology*, *28* (3), 255—276.

Morris, N. M., Udry, J. R., Khan-Dawood, F., & Dawood, M. Y. (1987). Marital sex frequency and midcycle female testosterone. *Archives of Sexual Behavior*, *16* (1), 27—37.

Murray, H. A. (1943). *Thematic Apperception Test manual.* Cambridge, Mass.: Harvard University Press.

Murray, S. L., Griffin, D. W., Derrick, J. L., Harris, B., Aloni, M., & Leder, S. (2011). Tempting fate or inviting happiness? Unrealistic idealization prevents the decline of marital satisfaction. *Psychological Science, 22* (5), 619—626.

Nash Jr., J. F. (1950). The bargaining problem. *Econometrica, 18* (2), 155—162.

Nelson, C. A., Furtado, E. A., Fox, N. A., & Zeanah, C. H. (2009). The deprived human brain: Developmental deficits among institutionalized Romanian children—and later improvements—strengthen the case for individualized care. *American Scientist, 97* (3), 222—229.

Nelson, C. A., Zeanah, C. H., Fox, N. A., Marshall, P. J., Smyke, A. T., & Guthrie, D. (2007). Cognitive recovery in socially deprived young children: The Bucharest Early Intervention Project. *Science*, *318* (5858), 1937—1940.

Penton-Voak, I. S., Perrett, D. I., Castles, D. L., Kobayashi, T., Burt, D. M., Murray, L. K., & Minamisawa, R. (1999). Menstrual cycle alters face preference. *Nature, 399* (6738), 741—742.

Perrett, D. I., Burt, D. M., Penton-Voak, I. S., Lee, K. J., Rowland, D. A., & Edwards, R. (1999). Symmetry and human facial attractiveness. *Evolution and Human Behavior*, *20* (5), 295—307.

Perrett, D. I., Lee, K. J., Penton-Voak, I. S., Rowland, D. R.,

Yoshikawa, S., Burt, D. M., Henzi, S. P., Castles, D. L., & Akamatsu, S. (1998). Effects of sexual dimorphism on facial attractiveness. *Nature, 394*, 884—887.

Perrett, D. I., May, K. A., & Yoshikawa, S. (1994). Facial shape and judgements of female attractiveness. *Nature*, *368* (6468), 239—242.

Perrett, D. I., Talamas, S. N., Cairns, P., & Henderson, A. J. (2020). Skin color cues to human health: Carotenoids, aerobic fitness, and body fat. *Frontiers in Psychology, 11*, 392.

Pew Research Center. (2006, February 13). *Not looking for love: Romance in America.* Pew Internet and American Life Project (pewresearch.org).

Re, D. E., Whitehead, R. D., Xiao, D., & Perrett, D. I. (2011). Oxygenated-blood colour change thresholds for perceived facial redness, health, and attractiveness. *PLoS One, 6* (3), e17859.

Reber, R., Schwarz, N., & Winkielman, P. (2004). Processing fluency and aesthetic pleasure: Is beauty in the perceiver's processing experience? *Personality and Social Psychology Review, 8* (4), 364—382.

Rhodes, G., Chan, J., Zebrowitz, L. A., & Simmons, L. W. (2003). Does sexual dimorphism in human faces signal health? *Proceedings of the Royal Society of London B: Biological Sciences, 270* (Suppl 1), S93—S95.

Ronay, R., & Hippel, W. V. (2010). The presence of an attractive woman elevates testosterone and physical risk taking in young men. *Social Psychological and Personality Science*, *1* (1), 57—64.

Roney, J. R., & Simmons, Z. L. (2013). Hormonal predictors of sexual motivation in natural menstrual cycles. *Hormones and Behavior*, *63* (4), 636—645.

Rozin, P., & Fallon, A. (1988). Body image, attitudes to weight, and misperceptions of figure preferences of the opposite sex: A comparison of men and women in two generations. *Journal of Abnormal Psychology*, *97* (3), 342—345.

Rubin, Z. (1970). Measurement of romantic love. *Journal of Personality and*

*Social Psychology*, *16* ( 2 ), 265—273.

Rusbult, C. E., Drigotas, S. M., & Verette, J. ( 1994 ). The investment model: An interdependence analysis of commitment processes and relationship maintenance phenomena. In D. J. Canary & L. Stafford ( Eds. ), *Communication and relational maintenance* ( pp. 115—139 ). Academic Press.

Rusbult, C. E., Zembrodt, I. M., & Gunn, L. K. ( 1982 ). Exit, voice, loyalty, and neglect: Responses to dissatisfaction in romantic involvements. *Journal of Personality and Social Psychology*, *43* ( 6 ), 1230—1242.

Saad, G., & Stenstrom, E. ( 2012 ). Calories, beauty, and ovulation: The effects of the menstrual cycle on food and appearance-related consumption. *Journal of Consumer Psychology*, *22* ( 1 ), 102—113.

Schachter, S., & Singer, J. ( 1962 ). Cognitive, social, and physiological determinants of emotional state. *Psychological Review*, *69* ( 5 ), 379—399.

Scheele, D., Wille, A., Kendrick, K. M., Stoffel-Wagner, B., Becker, B., Güntürkün, O., ... & Hurlemann, R. ( 2013 ). Oxytocin enhances brain reward system responses in men viewing the face of their female partner. *Proceedings of the National Academy of Sciences*, *110* ( 50 ), 20308—20313.

Schmitt, D. P. ( 2003 ). Universal sex differences in the desire for sexual variety: Tests from 52 nations, 6 continents, and 13 islands. *Journal of personality and Social Psychology*, *85* ( 1 ), 85—104.

Schultz, W., Dayan, P., & Montague, P. R. ( 1997 ). A neural substrate of prediction and reward. *Science*, *275* ( 5306 ), 1593—1599.

Scott, I. M., Clark, A. P., Josephson, S. C., Boyette, A. H., Cuthill, I. C., Fried, R. L., ... & Penton-Voak, I. S. ( 2014 ). Human preferences for sexually dimorphic faces may be evolutionarily novel. *Proceedings of the National Academy of Sciences of the United States of America*, *111* ( 40 ), 14388—14393.

Sedikides, C., Ariely, D., & Olsen, N. (1999). Contextual and procedural determinants of partner selection: Of asymmetric dominance and prominence. *Social Cognition*, *17* (2), 118—139.

Shepher, J. (1971). Mate selection among second generation kibbutz adolescents and adults: Incest avoidance and negative imprinting. *Archives of Sexual Behavior*, *1* (4), 293—307.

Simpson, J. A., Gangestad, S. W., & Lerma, M. (1990). Perception of physical attractiveness: Mechanisms involved in the maintenance of romantic relationships. *Journal of Personality and Social Psychology*, *59* (6), 1192—1201.

Sinclair, H. C., Hood, K. B., & Wright, B. L. (2014). Revisiting the Romeo and Juliet effect: Reexamining the links between social network opinions and romantic relationship outcomes. *Social Psychology*, *45* (3), 170—178.

Singh, D. (1993). Adaptive significance of female physical attractiveness: Role of waist-to-hip ratio. *Journal of Personality and Social Psychology*, *65* (2), 293—307.

Sprecher, S., (1998). Social exchange theories and sexuality. *Journal of Sex Research, 35* (1), 32—43.

Stephen, I. D., Coetzee, V., & Perrett, D. I. (2011). Carotenoid and melanin pigment coloration affect perceived human health. *Evolution and Human Behavior, 32* (3), 216—227.

Stephen, I. D., Coetzee, V., Smith, M. L., & Perrett, D. I. (2009). Skin blood perfusion and oxygenation colour affect perceived human health. *PLoS One, 4* (4), e5083.

Stephen, I. D., Law Smith, M. J., Stirrat, M. R., & Perrett, D. I. (2009). Facial skin coloration affects perceived health of human faces. *International Journal of Primatology, 30* (6), 845—857.

Stephen, I. D., Oldham, F. H., Perrett, D. I., & Barton, R. A. (2012). Redness enhances perceived aggression, dominance and attractiveness in men's faces. *Evolutionary Psychology, 10* (3), 147470491201000312.

Sternberg, R. J., & Grajek, S. (1984). The nature of love. *Journal of Personality and Social Psychology, 47* (2), 312—329.

Sternberg, R. J., & Sternberg, K. (Eds.). (2018). *The new psychology of love*. Cambridge University Press.

Streeter, S. A., & McBurney, D. H. (2003). Waist-hip ratio and attractiveness: New evidence and a critique of "a critical test". *Evolution and Human Behavior*, *24* (2), 88—98.

Sussman, S. (2011). Love addiction: Definition, etiology, treatment. *Sexual Addiction & Compulsivity: The Journal of Treatment & Prevention, 17* (1), 31—45.

Swami, V., Frederick, D. A., Aavik, T., Alcalay, L., Allik, J., Anderson, D., ... & Zivcic-Becirevic, I. (2010). The attractive female body weight and female body dissatisfaction in 26 countries across 10 world regions: Results of the International Body Project I. *Personality and Social Psychology Bulletin*, *36* (3), 309—325.

Taylor, L., Fiore, A. T., Mendelsohn, G. A., & Cheshire, C. (2011). "Out of my league": A real-world test of the matching hypothesis. *Personality and Social Psychology Bulletin*, *37* (7), 942—954.

Taylor, S. E., & Brown, J. D. (1988). Illusion and well-being: A social psychological perspective on mental health. *Psychological Bulletin*, *103* (2), 193—210.

Tidwell, N. D., Eastwick, P. W., & Finkel, E. J. (2013). Perceived, not actual, similarity predicts initial attraction in a live romantic context: Evidence from the speed-dating paradigm. *Personal Relationships*, *20* (2), 199—215.

Todd, P. M., Penke, L., Fasolo, B., & Lenton, A. P. (2007). Different cognitive processes underlie human mate choices and mate preferences. *Proceedings of the National Academy of Sciences*, *104* (38), 15011—15016.

Trivers, R. L. (1972). Parental investment and sexual selection. In B.

Campbell ( Ed. ), *Sexual selection and the descent of man*. Chicago: Aldine.

Trueblood, J. S., & Pettibone, J. C. ( 2017 ). The phantom decoy effect in perceptual decision making. *Journal of Behavioral Decision Making, 30* ( 2 ), 157—167.

Tversky, A. ( 1969 ). Intransitivity of preferences. *Psychological Review*, *76* ( 1 ), 31—48.

van der Meij, L., Buunk, A. P., van de Sande, J. P., & Salvador, A. ( 2008 ). The presence of a woman increases testosterone in aggressive dominant men. *Hormones and Behavior*, *54* ( 5 ), 640—644.

van IJzendoorn, M. H. ( 1995 ). Adult attachment representations, parental responsiveness, and infant attachment: A meta-analysis on the predictive validity of the Adult Attachment Interview. *Psychological Bulletin*, *117* ( 3 ), 387.

Van Lange, P. A., & Rusbult, C. E. ( 2011 ). Interdependence theory. *Handbook of Theories of Social Psychology*, *2*, 251—272.

Verhallen, A. M., Renken, R. J., Marsman, J. B. C., & Ter Horst, G. J. ( 2019 ). Romantic relationship breakup: An experimental model to study effects of stress on depression ( -like ) symptoms. *PloS one*, *14* ( 5 ), e0217320.

Walster, E. & Berscheid, E. ( 1971 ). Adrenaline makes the heart grow fonder. *Psychology Today*, *6*, 47—62.

Walster, E., Aronson, V., Abrahams, D., & Rottman, L. ( 1966 ). Importance of physical attractiveness in dating behavior. *Journal of Personality and Social Psychology*, *4* ( 5 ), 508—516.

Walter, K. V., Conroy-Beam, D., Buss, D. M., Asao, K., Sorokowska, A., Sorokowski, P., ... & Amjad, N. ( 2020 ). Sex differences in mate preferences across 45 countries: A large-scale replication. *Psychological Science*, *31* ( 4 ), 408—423.

Wang, H., Hahn, A. C., DeBruine, L. M., & Jones, B. C. ( 2016 ). Do partnered women discriminate men's faces less along the attractiveness dimension? *Personality and Individual Differences*, *98*, 153—156.

Wang, H., He, Z., & He, L. (2021). Transitive mate preferences. *Decision*, *8* (3), 180—201.

White, G. L., Fishbein, S., & Rutsein, J. (1981). Passionate love and the misattribution of arousal. *Journal of Personality and Social Psychology*, *41* (1), 56—62.

Whitehead, R. D., Re, D., Xiao, D., Ozakinci, G., & Perrett, D. I. (2012). You are what you eat: Within-subject increases in fruit and vegetable consumption confer beneficial skin-color changes. *PLoS One,* *7* (3), e32988.

Williams, K., & Umberson, D. (2004). Marital status, marital transitions, and health: A gendered life course perspective. *Journal of Health and Social behavior*, *45* (1), 81—98.

Willis, J., & Todorov, A. (2006). First impressions: Making up your mind after a 100-ms exposure to a face. *Psychological Science,* *17* (7), 592—598.

Wilson, M., & Daly, M. (2004). Do pretty women inspire men to discount the future? *Proceedings of the Royal Society of London B: Biological Sciences*, *271* (Suppl 4), S177-S179.

Wincenciak, J., Fincher, C. L., Fisher, C. I., Hahn, A. C., Jones, B. C., & DeBruine, L. M. (2015). Mate choice, mate preference, and biological markets: The relationship between partner choice and health preference is modulated by women's own attractiveness. *Evolution and Human Behavior*, *36* (4), 274—278.

Wingfield, J. C., Hegner, R. E., Dufty Jr., A. M., & Ball, G. F. (1990). The "challenge hypothesis": Theoretical implications for patterns of testosterone secretion, mating systems, and breeding strategies. *The American Naturalist*, *136* (6), 829—846.

Zajonc, R. B. (1968). Attitudinal effects of mere exposure. *Journal of*

*Personality and Social Psychology，9*（2，Pt.2），1—27.

Zeki，S.（2007）. The neurobiology of love. *FEBS letters*，*581*（14），2575—2579.

Zhang，L.，Wang，H.，Lee，A. J.，DeBruine，L. M.，& Jones，B. C.（2019）. Chinese and UK participants' preferences for physical attractiveness and social status in potential mates. *Royal Society Open Science，6*（11），181243.

Zilioli，S.，Caldbick，E.，& Watson，N. V.（2014）. Testosterone reactivity to facial display of emotions in men and women. *Hormones and Behavior*，*65*（5），461—468.

胡平，孟昭兰.（2003）. 城市婴儿依恋类型分析及其判别函数的建立. *心理学报，35*（2），201—208.

孙飙，姜文凯，汤强，等.（2002）. 成人腰臀比与某些形态、机能和素质间的相关分析. *体育与科学，23*（6），56—58，63.

**图书在版编目（CIP）数据**

寻找生命中的另一半：择偶的心理奥秘 / 王弘毅著. — 上海：上海教育出版社，2022.9
（俊秀青年书系 / 郝宁主编）
ISBN 978-7-5720-1698-1

Ⅰ. ①寻… Ⅱ. ①王… Ⅲ. ①恋爱心理学 Ⅳ. ①G634.603

中国版本图书馆CIP数据核字(2022)第180990号

责任编辑　金亚静
整体设计　闻人印画

**俊秀青年书系**
**郝　宁　主编**
**Xunzhao Shengming Zhong De Lingyiban: Zeou De Xinli Aomi**
**寻找生命中的另一半：择偶的心理奥秘**
**王弘毅　著**

| | |
|---|---|
| 出版发行 | 上海教育出版社有限公司 |
| 官　　网 | www.seph.com.cn |
| 地　　址 | 上海市闵行区号景路159弄C座 |
| 邮　　编 | 201101 |
| 印　　刷 | 上海昌鑫龙印务有限公司 |
| 开　　本 | 890×1240　1/32　印张 6.625 |
| 字　　数 | 153 千字 |
| 版　　次 | 2022年10月第1版 |
| 印　　次 | 2022年10月第1次印刷 |
| 书　　号 | ISBN 978-7-5720-1698-1/B·0039 |
| 定　　价 | 49.00 元 |

如发现质量问题，读者可向本社调换　电话：021-64373213